EVROPA

ALBERT MEMMI

Anleitungen zum Glücklichsein

Aus dem Französischen von Regina Keil

unter Mitarbeit von Claudius Heeger, Julia Diehl, Annette Bürkle und Beate Seeger

Europäische Verlagsanstalt

Meinen Lesern,
die mir das Glück vergönnt haben,
meine Freunde zu werden

Vorwort für ein Jahr voller Glück

Das vorliegende Buch, so klein es ist, hat einen dreifachen Ursprung. Seit einigen Jahren schreibe ich mehr oder weniger regelmäßig unter dem Titel *Bonheurs* eine Kolumne für die französische Tageszeitung *Le Monde*. Ich danke an dieser Stelle den Chefredakteuren, allen voran Bruno Frappat, der mir als erster Aufnahme gewährte, und Robert Solé, der mich zum Weitermachen ermutigte; desgleichen gilt mein Dank den Herausgebern für die freundliche Genehmigung, die Texte auf vielfachen Wunsch der Leser in gesammelter Form zu publizieren. Im vorliegenden Band sind nun also 52 teilweise noch unveröffentlichte Texte vereinigt, ebenso viele, wie das Jahr Wochen hat, sozusagen ein Jahr voller Glück.

Meine Studenten von der Universität Paris-Nanterre, die jeden einzelnen Text mit einer gesunden, ihrem Alter entsprechenden vehementen Offenheit diskutierten, regten mich zu immer neuen Texten an, in denen ich die zentrale Idee, wie sie mir vorschwebte, immer genauer zu fassen suchte. Ebenso habe ich aus dem Dialog mit meinen Lesern gelernt, denn ich hatte es mir zur Regel gemacht, auf die erstaunlich zahlreichen Zuschriften wenigstens kurz zu antworten. Zu Recht wird immer wieder betont, wieviel der Lernende dem Lehrer verdankt; viel zu selten jedoch, was umgekehrt der Meister dem Schüler verdankt. Man erkennt gerne an, was ein Autor seinen Lesern gibt; seltener, was er ihnen schuldet. Diesem gegenseitigen Geben und Nehmen habe ich eine eigene

Abhandlung gewidmet.* Wenn ich dieses Büchlein nun meinen Studenten und den Lesern von *Le Monde* zueigne, begleiche ich lediglich eine Schuld.

Schließlich, aus Gründen, deren Darlegung hier zu weit führen würde, habe ich damals versucht, meine Gedanken neu zu ordnen im Hinblick auf das, was man eine »praktische Weisheit« nennen könnte – ein großes Wort für den Versuch, mein Leben im kleinen zu verbessern und neue Wege für den Umgang mit meinen Nächsten zu finden, meiner Familie, meinen Freunden, und, warum nicht, wenn wir schon einmal bei den großen Worten sind, meinen Mitbürgern und Mitmenschen allgemein.

So gelangte ich allmählich zu der Überzeugung, daß die Menschen, wenn sie nur endlich einsehen wollten, daß das Glück ein der Aufmerksamkeit würdiger Gegenstand und ein durchaus achtbares Lebensziel ist, ihr Verhalten und ihre Denkweise mit einem Schlag radikal verändern würden. Viele der alltäglichen Verpflichtungen, die als unausweichlich und als unaufschiebbar gelten, kämen ihnen plötzlich recht belanglos vor; und manches Problem, das ihnen im Kopf herumgeht und den Geist belastet, erschiene ihnen plötzlich zweitrangig. Mit größerer Gewißheit als ein bestimmtes Ereignis oder als die legendäre Nase der Kleopatra könnte die entschlossene Suche nach dem Glück unser aller Geschicke umwälzen.

Man darf annehmen, daß die meisten Menschen das dunkel ahnen, aber sie wagen es nicht, diesen Gedanken zu Ende zu denken. Warum? Sind sie abergläubisch, mutlos oder eingeschüchtert? Das Glück ist flüchtig, unstet wie ein Staubkorn im Sonnenlicht, und kann sich beim leisesten Lufthauch in nichts auflösen; da scheint es besser, die Mißgunst der Menschen und den Neid der Götter

* La Dépendance, Paris: Gallimard 1979 (Anm. d. Ü.).

gar nicht erst heraufzubeschwören. Ganz zu schweigen von den vielen widerstreitenden Anforderungen, den Zwängen, die das Leben und die Gesetze uns auferlegen und die das Glück bedrängen und bedrohen. Die Gruppe mißtraut dem Glück des einzelnen: Es verführt ihn womöglich zur Selbstsucht oder gar zum Ungehorsam. Kurzum: Dieses so heiß ersehnte Glück scheint weder wirklich möglich noch deutlich faßbar, noch so richtig erlaubt zu sein. Was schließen wir daraus? Wir vergraulen das Glück mit unserer Angst, es zu verpassen, und wir tun so, als zweifelten wir an seiner Existenz überhaupt. Das Glück kommt uns vor wie ein unbestätigtes Gerücht: Worum ging es doch gleich noch mal? So tröstet sich jeder, wie er kann, und manch einer erklärt die Trauben, die zu hoch hängen, für ungenießbar ... statt auf die nächste Leiter zu klettern.

Diese böswillige und resignierte Schwarzseherei würde einem höchstens ein Lächeln entlocken, wäre ihr nicht jedes Mittel der Selbstbestätigung recht, wodurch sich ihre Aussicht auf Glück noch weiter reduziert. Ein amüsantes Buch, das vor einigen Jahren erschienen ist, zählt die Mittel und Wege auf, wie man sich selbst am besten unglücklich macht. Es ist in der Tat ganz so, als täten wir mit Freuden alles, um uns aller Freuden zu berauben. Wollten die Menschen statt dessen endlich einsehen, daß es gelingen kann, glücklich zu sein, wenn auch nicht rundherum und nicht pausenlos, dann fänden sie schon die Mittel und Wege dazu. Und wenn sie auch nur damit aufhörten, sich auf tausend mehr oder weniger fiktiven Seitenwegen und Nebenstraßen zu verausgaben, um sich ganz auf das zu konzentrieren, was für sie eine Quelle echter Befriedigung sein könnte.

Doch um nicht länger vom Glück gemieden zu werden, müßte man sich zunächst dessen Priorität eingestehen. Wozu verdient man denn eigentlich sein Geld, wenn man nicht gerade krankhaft geizig ist? Nur, um es zu zählen und wieder zu zählen, oder um es zu anderen Zwecken zu verwenden? Und warum strebt man stets nach dem ersten Platz, wenn man nicht gerade ein unheilbarer Wettkämpfer ist? Doch nur, um in den herben Genuß der Macht zu gelangen! Und selbst der Geizhals und der Machtmensch, so es sie denn in reiner Form gibt, bestätigen, jeder auf seine Weise, daß das Glück für alle das höchste Ziel ist. An der Jagd nach dem Glück, wie Stendhal das nannte, nehmen alle teil, nur die Waffen wechseln von Fall zu Fall. Warum nicht ganz offen anvisieren, was sich hinter all diesen Fassaden verbirgt? Warum nicht versuchen, es auf direkterem Weg zu gewinnen?

Der Schatten der Unerlaubtheit, der auf dem Glück lastet, beruht auf einem hartnäckigen Mißverständnis. Gewiß, das Leben in der Gemeinschaft verlangt dem einzelnen Respekt vor den allgemeinen Regeln ab; Moral ist die Summe aller Imperative, die jeden dazu anhalten. Daher, sobald wir dagegen verstoßen, auch das bohrende Schuldgefühl, das nichts anderes ist als die verinnerlichte Furcht vor der Sanktion. Doch in jedem Sozialverband halten Investition und Profit sich in etwa die Waage. Moral ist auch die Summe der Regeln, die es uns erlauben, so gut wie möglich zusammenzuleben. Wir sind nun einmal so beschaffen, daß nur wenige von uns dazu fähig wären, allein zu leben; diese Lösung hat die Spezies als Schutz vor Gefahren entdeckt; man sieht es deutlich bei vielen Tieren. Egoismus und Altruismus sind unauflöslich miteinander verbunden. Jedes Zusammenleben ist ein gegenseitiges Geben, ganz gleich, wie hoch jeweils der Anteil des einzelnen ist; andernfalls verfällt der Vertrag.

Kommen wir nun zur angeblichen Unmöglichkeit des Glücks: Als ich vor meinen jungen Zuhörern über die enge Verbindung, die nahe Verwandtschaft von Glück und Weisheit sprach, da passierte es, daß einer von ihnen, der frecher oder nur ungeduldiger als die anderen war, dazwischenrief: »Dann halten Sie sich also für weise!« Aber nein, beruhigte ich ihn, das glaubte ich eben nicht: Glaubte ich es, hätte ich ja den Beweis geliefert, daß ich es in keiner Weise bin. Nicht, daß umgekehrt der Zweifel allein schon hinreicht, jemanden als Weisheitsanwärter dastehen zu lassen, oder daß die Weisheit unbedingt zum Glück führen müßte. Nur daß ich jetzt, da ich mir endlich gestattet hatte, glücklich zu sein, mich auch redlich bemühte, es zu werden. Glück, ganz wie die Weisheit, erfordert ständige Übung; es entwickelt sich ununterbrochen weiter, ist niemals vollkommen und stets relativ.

Man hat die Meßlatte zu hoch angelegt, aus nostalgischer Kindheitserinnerung oder einer romantischen Sehnsucht nach dem Absoluten heraus, und nun verzweifelt man am Glück. Wenn das Glück aber ganz bescheiden wäre? Weder unbedingt noch dauerhaft? Aus einer Perlenschnur hintereinander aufgereihter kleiner Glücksmomente bestünde? Das Glück ist kein gleichmäßig strömender Fluß; doch das tut der Intensität des Glücksgefühls, wie man weiß, keinen Abbruch. Der Gedanke vom »höchsten Gut«, der die Philosophen aller Zeiten beschäftigt hat, ist gefährlich und irreführend; er setzt so vieles voraus, daß in ihm zusammenkommen muß und ist derart anspruchsvoll, daß das Gute in der Tat unmöglich erscheint, kaum noch vorstellbar. Die Glückseligkeit, die eine seiner Erscheinungsformen ist, wäre demzufolge vollkommenes Glück, die »Inseln der Seligen« ihr auserkorener Schauplatz. Doch warum vollkommen? Und im Hinblick worauf? Man versteht, daß man ein derart vollkommenes Glück nur an unbekanntem Orte findet. Hat man nicht sogar, um das Maß vollzumachen, in der Idee des (höchsten) Guten das Angenehme mit dem moralisch Richtigen zusammentreffen lassen? Wie soll man sich da noch ungestört seines Lebens freuen?

Statt sich in weiser Beschränkung einzugestehen, daß jedes Leben im Kern unberechenbar ist und relativ, ist man von der Idee des »Bösen« fasziniert, das finster und skandalumwittert durch die Philosophietraktate geistert. Und natürlich kann diese Vision vom dauerhaften und definitiven, wunschlosen und durch keinerlei Schmerz getrübten Glück nur auf Unverständnis und Widerspruch stoßen! Aus metaphysischem Trotz heraus haben einige grämliche Geister – denn man kann gleichzeitig Philosoph und Neurastheniker sein – sogar komplette Gedankengebäude allein auf der Idee des Unglücks errichtet. Derlei Konstruktionen halte ich für Sackgassen. Es ist kein Kunststück, systematisch nur das Böse, nur die Schattenseiten hervorzuheben und das Gute und Helle dabei zu übergehen! Eine Lüge, die die halbe Wirklichkeit unterschlägt und darüber hinaus auch noch lähmt: Denn eine Moral, die sich ausschließlich auf die Pflichterfüllung gründet, ist nur die halbe Moral; und überdies untauglich, so wie der Mensch nun einmal beschaffen ist. Und wie der Mensch, so sind auch seine Werke weder absolut gut noch absolut böse, sofern der Begriff des Absoluten überhaupt je Sinn gehabt hat. Und deshalb ist noch dem finstersten Menschenwerk, sofern man Philosophie auch als Meditation über die Schwierigkeiten des Daseins begreift, eine positive Seite abzugewinnen.

Doch überlassen wir für einen Augenblick die Gelehrten sich selbst: Unschwer werden wir erkennen, daß die Menschen keinen wohldefinierten Begriff vom Glück haben müssen, um zu wissen, wie es ist, glücklich zu sein. Sie laufen ganz einfach dem nach, was ihnen gefällt, und vor dem davon, was ihnen Schmerz und Kummer bereitet. Glück ist ein Zustand, eine Empfindung, und somit schwer zu definieren und schwierig zu beschreiben; doch würden Sie wohl jemals an der Existenz des Vergnügens oder der Freude zweifeln, der Freundschaft, der Zärtlichkeit oder der Liebe, nur weil Sie sie nicht in wohlgesetzte Worte zu fassen vermöchten? Das Leben, vielfach bedroht, bisweilen von Tragik umhüllt, ist doch in seinem innersten Wesen nicht nur Mühsal und Not, wie es einstmals die Existenzphilosophien propagierten; der Blick auf ein spielendes oder lachendes Kind oder auf eine dösende Katze genügt, um einen daran zu erinnern.

Und aus diesem Grund wollte ich meine Kolumnen in *Le Monde* weniger zu einer fortgesetzten Meditation über das Glück werden lassen als zu einer Aufzählung der – oftmals bescheidenen – materiellen und geistigen Mittel und Wege, dorthin zu gelangen. Man merkt schnell, daß die Zahl dieser Mittel nicht unbegrenzt ist, und man trifft sie in fast allen Kulturen jenseits der folkloristischen Verbrämung an. Alle Kulturen kennen den Unterschied zwischen dem, was es zu tun und was es zu unterlassen gilt. Und Epiktets *Handbüchlein der Moral* wird wohl bis ans Ende der Menschheit überdauern, denn es kann durch die Jahrhunderte hindurch allen Menschen als Richtschnur dienen. So habe ich selbst mir für meinen Schriftstelleralltag die berühmte Unterscheidung zwischen dem, was in unseren Kräften steht, und dem, was es nicht tut, zu eigen gemacht: Allmorgendlich putze ich meine Brillengläser und spitze meinen Bleistift, das übrige liegt nicht in meiner Macht. In Anlehnung an eine Schrift des französischen Philosophen Raymond Ruyer läßt sich sagen, es gebe analog zur Philosophie auch »Die Kunst, (immer) glücklich zu sein«.

Bliebe zuletzt noch das, was andere Leser mit einer gewissen Nachsicht als meine Naivität bezeichnen. Habe ich doch sogar vorgeschlagen, für das Glück ein eigenes Fach einzurichten, ja, eine »Schule des Glücks« zu gründen! (Eines Tages, so hoffe ich, werde ich, das Einverständnis der Betroffenen vorausgesetzt, eine Auswahl dieser Zuschriften zusammen mit meinen Antworten veröffentlichen; alles in allem Gespräche, die sich als Fortsetzung des vorliegenden Monologs lesen lassen.*) Doch den Vorwurf der Naivität nehme ich gern in Kauf. Wenn es naiv ist, sich Gedanken zu machen, wie sich das Leben verbessern und das Glück der Mitmenschen befördern ließe, nun, dann bin ich ebenso lächerlich wie die meisten Denker: wie mein innig geliebter Montaigne natürlich, mitsamt seinem Gevatter Rabelais, wie der wunderbare Spinoza und der aufbrausende Nietzsche, wie die philosophischen Schriftsteller des 18. Jahrhunderts und der Renaissance, aber auch wie die Mehrzahl der alten Griechen, ein Gutteil der Schreiber aus dem Alten und dem Neuen Testament, die Verfasser des Koran und der traditionellen Schriften Asiens; niemand hat sich radikaler als Buddha jeglichem Begehren verweigert, doch letztlich nur, um

* Inzwischen erschienen unter dem Titel: Ah, quel bonheur! Précédé de L'Exercice du bonheur. Paris: Arléa 1995. Chroniques. (Anm. d. Ü.)

einen Zustand allumfassender Ruhe und Gelassenheit zu erreichen; und der ideale Christ, der den Eitelkeiten dieser Welt entsagt, wird durch die Verheißung ewiger Seligkeit entschädigt. Eine stabile Tradition, wie man sieht, und sie hat viele Gesichter. Im übrigen bin ich fest davon überzeugt, daß jeder Philosophie, abgesehen vom brennenden Wunsch zu verstehen, die Notwendigkeit zugrunde liegt, Leitsätze für Moral und Politik zu entwerfen, welche ihrerseits nichts als Ansätze sind, unser privates und soziales Leben so gut es geht zu gestalten.

Sind jetzt alle Mißverständnisse aus dem Weg geräumt? Noch nicht ganz. Für wen gilt denn dieses schöne Programm? wenden einige Leser ein. Die meisten Menschen kümmert es doch weniger, gut zu essen, als überhaupt genug zu essen zu haben. Sie haben doch kaum Muße, das Meer zu betrachten ... Und was ist mit den Kranken und Beladenen? Selbst Freud mußte zugeben, daß er nichts ausrichten konnte gegen ein Übermaß an Elend und Leid.

Dieser Einwand ist nicht von der Hand zu weisen. Und doch bin ich, außer in ganz extremen Fällen, nach wie vor der Ansicht, daß die Unterschiede in den Lebensumständen meine Glücksphilosophie keineswegs aus den Angeln heben. Schon ein voller Bauch verschafft Befriedigung; in einer Kirche in Rom las ich einmal eine jammervolle Bitte: »Heilige Jungfrau, hilf mir, daß ich eine Wohnung finde« – ein Wunsch, der der blanken Not entsprang, doch welch unbändige Freude, wenn er sich erfüllt! Jeder hat seine persönlichen Glücksmomente: Es geht lediglich darum, dafür das Bewußtsein zu schärfen und die Gelegenheiten zu mehren. Gewiß darf die Moral in der Politik nicht fehlen, aber muß man deshalb abwarten, daß die Politik ihre Aufgabe erfüllt, ehe man selbst sich für das Schicksal des einzelnen interessiert? Ist das nicht eben der Deckmantel, unter dem ungezählte Betrügereien stattfinden?

Wenn Sie nach all dem noch immer überzeugt sein sollten, daß das Glück weiter nichts als ein Lotteriespiel ist, bitte, warum nicht. Seit dem 17. Jahrhundert bewundert man Pascals geniale Idee von der »Wette«, mit der er zu hundert Prozent auf das Jenseits setzte und letztlich dem irdischen Glück entsagt hat. Wäre es nicht mindestens ebenso spannend, statt dessen bewußt auf eben dieses Glück zu setzen? Sie könnten dabei Ihr Leben gewinnen und hätten doch nichts zu verlieren. Setzen Sie nicht von vornherein auf Verlust! Und warum abwarten, bis man erst alt genug für die Reue ist und der Tod am Horizont winkt? Man hat wirklich Lust, den Menschen zuzurufen: »Seid nur glücklich, alles andere findet sich dann schon ... und findet es sich nicht, was soll's, solange Ihr nur glücklich seid!«

Albert Memmi
Paris, im Mai 1992

Vorwort zur deutschen Ausgabe

Nachdem eine Freundin aus Deutschland dieses Büchlein auf Französisch gelesen hatte, meinte sie verschmitzt, daß es mir wohl schwerer fallen dürfte, die deutschen Leser zu überzeugen, da die Deutschen kein so ausgeprägtes Gefühl für Glück hätten wie die Franzosen. Und natürlich verwies sie mich auf Luther, der die Laxheit der Kirche angeprangert und die Christenheit zu mehr Strenge ermahnt hatte, auf Goethe, dessen autobiographische Romanfigur Wilhelm Meister vom Theater abließ, um sich um die väterlichen Geschäfte zu kümmern, der also mit anderen Worten die Härten des Lebens den Freuden des Träumens vorzog. Und schließlich auf Schopenhauer! (Obschon auch er anscheinend gewissen Annehmlichkeiten des Daseins nicht abgeneigt war).

In jüngerer Zeit hat man oft das deutsche Wirtschaftswunder bestaunt. War es nicht das Ergebnis der unermüdlichen Arbeit und des gemeinschaftlichen Strebens der Deutschen? Sehen sie doch, fügte meine Bekannte amüsiert und wohl auch ein wenig stolz hinzu, wie selbst in Paris die deutschen Touristen geduldig an der roten Ampel warten und sich über die mangelnde Disziplin der Franzosen, die zwischen den Autos hindurchschlüpfen, entrüsten.

Ich werde mich hüten, erwiderte ich, mit einer Deutschen über die deutsche Seele zu streiten. Denn das Bild, das wir von uns selbst entwerfen, ob es nun der Wahrheit entspricht oder nicht, beeinflußt unser Verhalten und prägt unser Gesicht. Wenn die Deutschen sich selbst also für ernste und disziplinierte Arbeiter halten, dann werden sie es wohl auch zu einem gewissen Grad sein.

Gleichzeitig darf man jedoch nicht vergessen, daß Goethe, der ja ein Symbol des Deutschen ist, dem Vorbild seines Wilhelm Meisters nicht so ganz gefolgt ist. Er war zwar ein guter Minister, wenn auch zuweilen wider Willen. Aber glücklicherweise hat er nie den Freuden der Schriftstellerei entsagt. Und zweifelsohne war er auf der Suche nach Licht und Sonne, da er als Literat und Reisender nach Italien aufbrach, woraus ein Initiationsritus für deutsche Künstler wurde. Faust wiederum verkaufte seine Seele für Jugend und Liebe. Das Werk symbolisiert Streben nach Glück, in der Auseinandersetzung mit Liebe, Macht, Kunst, Schaffen, Tat. Die Franzosen kennen keinen Philosophen, der so tragisch wäre wie Schopenhauer, doch noch weniger ein Werk, das so vollkommen mit dem Glück befaßt ist. Auch Freud, ein anderer Großer aus dem deutschen Kulturkreis, hatte dies erkannt. In *Das Unbehagen in der Kultur* schrieb er, auf eben jenen Goethe verweisend, über das versagte Glück und die so leidenschaftliche Suche danach.

Über Schopenhauer denken wir sicher ähnlich: Wenn er wirklich glaubte, es lohne der Mühe nicht, warum schied er dann nicht freiwillig aus dem Leben? Deshalb erinnern wir uns lieber an den großen Philosophen Kant. So streng er auch lebte, versammelte er dennoch jeden Tag bei Tisch ein paar Freunde.

Was Luther anbelangt, so bin ich nicht sicher, ob der Puritanismus nicht auch bescheidene Freuden bietet, und sei es nur die vielbeschworene Zufriedenheit nach getaner Arbeit. Lesen Sie noch einmal das Matthäus-Evangelium. Mit sich selbst zufrieden zu sein ist mehr wert als das Lob der anderen; es ist dies einer der Hauptpunkte der Bergpredigt. So wandte sich Luther in Manchem zu Recht gegen die damalige Kirche. Und lief er nicht schließlich mit einer ehemaligen Nonne in den Hafen der Ehe ein, wodurch er wenigstens die fleischlichen Genüsse kennenlernte?

Doch lassen wir die Großen der Vergangenheit beiseite, die heutigen Deutschen, das ist ersichtlich, sind dabei, sich zu verändern. Ich sehe zwar Tag für Tag deutsche Touristen an der Ampel stehen, aber zumindest sind sie in Paris, und zwar zahlreich, um diese prächtige Stadt unermüdlich zu bewundern. Sie neiden den Franzosen das *Savoir-vivre* und wissen auch ebenso zu leben, lieben die französische Küche, ihren Käse, ihren Wein.

Also gut, sage ich zu meiner Freundin: Nehmen wir an, ich läge falsch, und die Deutschen hätten nicht den gleichen feinen Gaumen und die Galanterie wie die Franzosen und Italiener. (So sagte sie mal – mit einem gewissen Bedauern, schien mir –, daß die Deutschen ihre Damen weniger hofierten.) Also gut, aber heißt das denn, daß sie weniger Sinn für Glück besitzen, wenn auch auf ihre Weise? Ich vermute, sie finden an anderen Dingen Gefallen als die übrigen Völker, erfreuen sich an anderen Dingen als Amerikaner, Afrikaner oder Chinesen.

Nehmen wir beispielsweise ihren Gemeinschaftssinn. Die Leichtigkeit, mit der sie sich zusammenfinden und eine Einheit, ja eine disziplinierte Gruppe bilden (vielleicht beginne ich nun meinerseits zu fabulieren). Ich bewundere ihre Fähigkeit, spontan im Chor zu singen, wo die Franzosen, wo immer sie sich gemeinsam amüsieren, nur grölen. Oder nehmen wir jene Orte der Zusammenkunft mit den eigens reservierten Tischen, die sie, glaube ich, Stammtisch nennen. Die Franzosen haben zwar ihre Cafés, aber man hat immer den Eindruck, daß sie nur ins

Café gehen, um dem Zuhause zu entfliehen. Die Deutschen ihrerseits gehen der Geselligkeit wegen.

Ich habe in diesem Buch – und einem anderen, das ich vielsagend mit *L'execise du Bonheur*, also etwa *Übung im Glücklichsein*, betitelt habe – besonders zwei Aspekte des Strebens nach Glück herausgearbeitet. So machen uns je nach Alter, Geschlecht, Temperament und Kultur ganz unterschiedliche Dinge glücklich. Ich selbst genieße es, stundenlang das Meer zu betrachten, während mancher Freund schon nach einer halben Stunde kribbelig wird. Ich dagegen könnte mir niemals, wie so mancher deutsche Musikliebhaber, drei Stunden lang Wagner anhören. Ein jeder muß für sich herausfinden, was ihn glücklich macht. Wenn Ihnen in der Sonne übel wird, wie mir zum Beispiel trotz meiner mediterranen Herkunft, dann sollten Sie eben nicht Eidechse spielen – die sich übrigens nie lange der grellen Sonne aussetzt.

Und dennoch bleibe ich dabei, daß hinter den Unterschieden ein Streben nach Glück steckt, das uns allen gemeinsam ist. Ich will behaupten, daß es in allen Philosophien und allen Religionen zu finden ist. Stoiker und Epikureer waren sich zwar uneinig über den Weg zu einer harmonischen Weisheit, hatten jedoch dasselbe Ziel. Die Christen waren sich nicht sicher, ob sie die Glückseligkeit noch auf Erden erlangen könnten, doch sie bemühten sich, für das Jenseits darauf vorbereitet zu sein. Sprechen wir nicht vom Paradies der Muslime, das alle Freuden vereinigen soll, die ein ehrbarer Mensch je erhoffen darf. Und der verschlungene Weg eines Buddhisten soll ihn durch mehrere Reinkarnationen schließlich ebenfalls zu dieser höchsten Erfüllung führen.

Ich freue mich, dem deutschen Leser ein Büchlein vorzulegen, das nichts anderes will, als einfache Wege zum

Glück aufzuzeigen. Denn möglich ist es, auf den Spuren des Glücks zu wandeln. Das Glück gründet im Kleinen, es kommt nicht in Massen, alle diese Kleinigkeiten zusammen jedoch können das Leben zum Genuß machen, Schopenhauer mag das passen oder nicht.

A.M.
Paris, im Mai 1996

Lob der Langsamkeit

Eine Dame aus meinem Bekanntenkreis hatte die Angewohnheit zu sagen:

»Jetzt koch ich uns was, dann essen wir schnell, dann können wir schnell unseren Mittagsschlaf machen.« Worauf ihr Mann zu bemerken pflegte:

»Und dann können wir schnell sterben.«

Die Schnellen brauchen ihr Leben schneller auf. Es ist wie bei den Autos: Bei gleicher Entfernung verbraucht man mehr Benzin. Entsprechend verschwendet man auch mehr Lebensenergie.

Außerdem hat man keine Freude an den Dingen, denn man nimmt sich keine Zeit für sie. Der schnelle Fahrer hat keinen Blick für die Landschaft, er muß auf die Straße achten. Die Schnellen sind denen ähnlich, die ihr Essen ohne zu kauen verschlingen: Sie nehmen sich nicht die Zeit zu genießen. (Es sind, nebenbei bemerkt, dieselben.)

Manche meinen, mehr Zeit für anderes zu haben, wenn sie alles schnell erledigen. Das ist die Illusion der Schnellen – die Schnellen sind in allem schnell. Einer meiner Freunde berichtete mir von einer Episode aus seiner Studienzeit im Priesterseminar: Einem Kommilitonen wurde eine Strafe auferlegt, weil er drei Treppenstufen auf einmal nahm. Als er sich über die Strenge seiner Lehrer wunderte, wurde ihm geantwortet: »Wenn du schon deinen Schritt nicht mäßigst, wie willst du deinen Geist jemals mäßigen können?«

Langsamkeit bedeutet Körperbeherrschung, die zur Beherrschung des Geistes führt – und umgekehrt. Man entscheidet sich für beides zugleich. »Mein Leben ist ein einziger Streß!« »Immer bin ich so abgehetzt!« Wer hindert uns eigentlich daran, anstatt der Hast die Langsamkeit zu wählen?

Als wir neulich zu unserem Wochenendhaus unterwegs waren, haben wir einen englischen Wagen überholt, eins dieser ausrangierten Londoner Taxis, das man wieder fahrtüchtig gemacht hat. Alles brach in Gelächter aus: »Bis die ankommen, ist das Essen kalt!« »Wie kann man bloß so eine alte Kiste fahren?« …

Dabei war es ganz einfach: Die Insassen des ehemaligen Taxis hatten sich bewußt dafür entschieden, langsam zu fahren. Ich könnte wetten, daß sie trotzdem pünktlich zur Verabredung mit ihren Freunden kamen – sie hatten sich ihre Zeit nur anders eingeteilt. Langsamkeit ist kein Sichtreibenlassen, sondern ein anderes Zeitbewußtsein, ist Klugheit im Umgang mit der eigenen Kraft.

Ein Verfechter der Langsamkeit hat mir sein Geheimnis verraten: Wer rechtzeitig ankommen will, muß nur ein wenig früher aufbrechen. Nicht viel: zehn, fünfzehn Minuten genügen schon, damit der Zug brav auf uns wartet (statt uns zu zwingen, hinter ihm herzuhetzen), damit keine Sitzung ohne uns beginnt, damit die Zehen der Zuschauer davor sicher sind, reihenweise von uns – mein Gott, wie peinlich! – zerquetscht zu werden.

Das Jahrhundert gehört der Schnelligkeit? Langsamkeit sei bloße Zeitverschwendung? Leisten Sie sich diesen seltenen, aus der Mode gekommenen Luxus. Langsamkeit, wohldosiert und wohlverstanden, ist in der Tat und frei nach Baudelaire genau dies: Luxus, Muße, höchste Lust.

Die Sinne bilden

Mit Begeisterung habe ich einmal einen Meisterkoch, Alain Senderens, von seiner Kunst erzählen hören. Denn um nichts Geringeres als um Kunst handelt es sich, davon hat er mich überzeugt.

Der Mensch hat mindestens fünf Sinne, und jedem entspricht eine Kunst: Musik ist Kunst, die man hört, Malerei Kunst, die man sieht. Riechen kann man die Kunst im Parfüm, doch welche Kunst kann man schmekken? Die Kochkunst. Und fühlen? Die vielgestaltige Kunst der Liebe, die auch die Kunst der Berührung ist.

Warum sollte man auf eine dieser Künste verzichten? Weil manche Sinne geachtet, andere verachtet werden?

Man höre nur einmal Alain Senderens zu, wenn er verrät, wie er den Gaumen seiner Gäste verwöhnt: Ein schlecht gewählter Wein kann einen edlen Käse um sein halbes Aroma bringen. Wie in den klassischen Künsten sind auch hier alle Sinne beteiligt: Mit ein wenig grobem Salz bringt man ein Gericht zum »Klingen«; um dem Auge Appetit zu machen – und darauf verstehen sich die Japaner bestens – wird die Speise hübsch angerichtet und garniert; zudem gilt es, wie in einem Orchester, die Sinne aufeinander abzustimmen …

Jedes Land, gleich welcher Größe, schwört auf eine bestimmte Art der Zubereitung. In Japan legt man zum Beispiel großen Wert darauf, den ursprünglichen Geschmack von Lebensmitteln bei der Zubereitung zu erhalten: Mittags ißt man den am Morgen gefangenen Fisch, abends den frischen Fang vom Nachmittag. Die Chinesen wiederum bereiten jedes noch so kleine Stück Gemüse oder Fleisch nach ausgeklügelten Rezepten zu. Und den Europäern wird nachgesagt, die Kunst des Garens und des Würzens entdeckt zu haben.

Doch scheint man noch nicht begriffen zu haben, worum es eigentlich geht. Noch immer wird die Kochkunst belächelt oder gar geschmäht, und viele wundern sich, wie man seine Zeit mit solchen Spielereien vertändeln kann. Der französische Schriftsteller Jean-François Revel, der den Tafelfreuden keineswegs abgeneigt ist, hat das Wort von der »landesweiten Völlerei« geprägt. Und bei vielen Völkern überdauern die kulinarischen Tabus die Jahrhunderte.

Im Grunde sind solche Vorbehalte nur Teil einer viel allgemeineren Ächtung der Lust, in welcher Schopenhauer die Wurzel allen Übels, allen Unglücks sah. Doch wer mit dem Anspruch antritt, die Lust auszumerzen, kämpft einen so unendlichen wie vergeblichen Kampf. Die Lust ist manchmal blind, brutal und ohne Verstand, doch entwurzelt man die Lust, entwurzelt man das Leben. Sie ist das Animalische in uns, das sich in unserer Phantasie verstärkt und verklärt. Wäre es nicht sinnvoller, auf diesen Teil unseres Selbst einzugehen und das Beste daraus zu machen?

Eine Tante von mir, die aus Überzeugung unverheiratet blieb, schimpfte immer auf »die ewige Kocherei«: »Zum Kochen braucht man Stunden, und gegessen ist im Nu.« So dachte *sie*. Denn wem es schmeckt, der ist auch bereit, etwas dafür zu tun und den Genuß mit anderen zu teilen. Er verwöhnt seine Mitmenschen so gern wie sich selbst. Vielleicht ist das ja der sechste Sinn: Sinn für das Glück der Geselligkeit.

Bildung ist Aufstreben und Entfaltung. Sie erfordert Disziplin, verspricht aber auch Genuß. Alle Sinne leisten ihren Beitrag dazu: Auge und Ohr ebenso wie der Gaumen. Kann es da noch Zufall sein, wenn das Wort »Geschmack« auf beides zugleich verweist – auf die Wahrnehmungen des Gaumens und auf Lebensart?

Nur nicht gleich den Teufel an die Wand malen

Wenn Ihnen heiß ist, so schließen Sie nur nicht gleich auf Fieber, öffnen Sie lieber das Fenster oder drehen die Heizung ab.

Wenn Sie tatsächlich Fieber haben, so diagnostizieren Sie nur nicht gleich eine Tuberkulose: Wahrscheinlich ist es nicht mehr als eine leichte Grippe, eine bloße Erkältung, die innerhalb weniger Tage ganz von selbst wieder verschwindet, meistens sogar ohne Arznei.

In Medizinerkreisen pflegt man zum Thema Grippe scherzhaft zu bemerken: »Die Genesung tritt bei ärztlicher Behandlung binnen acht Tagen ein, ohne Behandlung binnen einer Woche.«

Sie können natürlich Ihren Hausarzt zu Rate ziehen, wenn Sie ihn wirklich brauchen oder zu brauchen meinen. Doch denken Sie daran, daß sich der menschliche Körper wie alles Lebendige selbst wehren kann: Warum sollten Sie ihm nicht zunächst einmal vertrauen? Die Heilkunst kann diesen Prozeß unterstützen, indem sie zur Beschleunigung der Genesung, zur Linderung der Schmerzen und zur Vorbeugung eventueller Komplikationen beiträgt. Aber auch sie beruht auf dem Naturgesetz: Die Gesundheit ist die Regel, nicht die Verschlimmerung oder der Tod, von Ausnahmen einmal abgesehen.

Warum gleich den Teufel an die Wand malen, geht es nun um unsere Gesundheit oder um irgend etwas anderes? Es ist unsere Einbildungskraft, die uns dazu treibt. Wenn ich von einer Reise zurückkehre, packt mich jedesmal die Angst, meinen Angehörigen sei irgendein Unglück zugestoßen. Der Gedanke daran überkommt mich für gewöhnlich während der letzten halben Stunde auf dem Rückflug oder im Zug. Wenn man es bedenkt, so ist das völlig absurd, denn wenn irgend etwas von Bedeutung passiert wäre, hätte man mich bestimmt schon längst benachrichtigt.

Die menschliche Phantasie kann sich das Schlimmste wie das Schönste ausmalen: Erziehen wir sie doch zum Optimismus.

Auf jeden Fall sollten wir nicht übertreiben und vor lauter Angst vorübergehende Unannehmlichkeiten oder oftmals belanglose Probleme aufbauschen.

Auch hier könnte sich die Ironie als gute Vorbeugung erweisen: Im *Eingebildeten Kranken* mokiert sich Molière, der in Wirklichkeit selbst krank war, über die Ärzte, doch vor allem über sich selbst.

Das ist ein schlechtes Beispiel, mögen Sie sagen, denn es hat ihn auch nicht davor bewahrt, sterben zu müssen. Mag sein, doch hat es ihm unterdessen das Leben erleichtert.

Und wenn der schlimmste Fall nun doch eintritt? Nun gut, dann haben wir wenigstens unsere Nerven geschont.

Lesefutter

Ein gelehrter Mann hat einmal ausgerechnet, wie viele Bücher ein Mensch im Lauf seines Lebens lesen kann: ungefähr 2500.

Das ist wenig, lächerlich wenig.

Der Gallimard-Verlag veröffentlicht dreißig Titel im Monat, das sind im Jahr, abzüglich der Ferien, dreihundert, in zehn Jahren dreitausend. Also ist das Leben selbst für einen geübten Leser zu kurz, um all das zu bewältigen, was in einem Jahrzehnt bei einem einzigen Verlag erscheint.

Die logische Konsequenz: Da man eingeschränkt ist und nicht nur x-beliebiges lesen will, muß man auswählen, und das heißt, manches opfern.

Aber was?

Wir werden mit Briefen, Zeitungen und Werbeprospekten derart überhäuft, daß man, um das Ganze noch überschauen zu können, den Blätterwald rigoros lichten muß. Ab in den Papierkorb mit den unnützen Sonderangeboten, den nutzlosen Werbegeschenken, den Einladungen zu undurchsichtigen Versammlungen! Sie verqualmen unser Gehirn nicht minder als den Kamin.

Die Zeitung ist eine wunderbare Errungenschaft der Zivilisation, doch darf sich das Zeitunglesen nicht zur Sucht auswachsen, die uns vereinnahmt und vom Wesentlichen ablenkt. Eine Tageszeitung genügt vollauf, allenfalls noch eine Wochenzeitung. Auch gibt es eine spezielle Lesetechnik: Hat man seinen Heißhunger mit den Schlagzeilen gestillt, geht man über das Inhaltsverzeichnis und pickt sich heraus, was einen am meisten interessiert. Es ist völlig überflüssig, alles bis hin zu den Klein- und Todesanzeigen durchzukauen!

Genug der Opfer? Leider nein, auch manche Bücher gehören zum Altpapier.

Erwiesenermaßen gibt es Bücher, auf die man leichten Herzens verzichten kann – die meisten –, und einige wenige, die zu entbehren ein echter Verlust wäre: Diese sollten wir einträchtig nebeneinander aufstellen: ganz oben im Regal.

Seien wir nicht provinziell bei der Auswahl, picken wir uns aus jeder Kultur das Beste heraus: von Epiktet das *Handbüchlein der Moral*, aus dem Alten Testament den *Prediger Salomo*, aus dem Neuen ein Evangelium unserer Wahl, das *Tao Te King*, die *Gespräche* des Konfuzius, ein paar islamische Sufis... Fügen wir vielleicht noch einige neuere Werke hinzu, die es unserer Ansicht nach verdienen, der Nachwelt überliefert zu werden, den *Gesellschaftsvertrag* von Jean-Jacques Rousseau, ein paar Titel von Freud, zwei oder drei Dichter und einige unverwüstliche Klassiker. So entsteht vor unseren staunenden Augen eine Art Bibel der Menschheit.

Ist diese Kost nicht zu gehaltvoll? Verlangt sie nicht eine geistige Anstrengung, zu der man sich nicht immer durchringen kann? Gewiß, doch gilt es zunächst, den Grundstein zu legen; aufstocken läßt sich dann nach Lust und Laune.

Louis Pauwels gibt uns in seinem *Itinéraire de la sérénité*, dem »Wegweiser zur Heiterkeit«, einen ausgezeichneten Rat: Entgegen einem Vorurteil, das zumal unter Pädagogen herrscht, sollte man stets mehrere Bücher auf einmal lesen. In einem findet man Erholung vom anderen und in jedem sein Vergnügen.

Schlagen Sie als Apéritif die Zeitung auf, fahren Sie mit den *Propos* von Alain fort oder mit einer Seite Saint-John Perse, mit Walter Benjamin oder Erich Fried, und runden Sie das Ganze mit dem am Vorabend begonnenen Roman ab, mit einem Krimi, wenn Ihnen der Sinn danach steht.

Wer zu lesen versteht, komponiert sein Menü ausgewogen wie ein Feinschmecker: weder zu üppig noch zu karg.

Dank sagen

Ein Freimaurer, der meines Wissens weder gläubig war noch praktizierte, gestand mir einmal: »Jeden Morgen danke ich dem Schicksal, daß ich leben darf, ich sage Dank für den neuen Tag, der vor mir liegt.«

Dieses Gebet ist dem Gläubigen und dem Ungläubigen gemeinsam: Denn Beten besteht darin, Dank zu sagen. Selbstverständlich ist es leichter, dabei jemanden anzusprechen, doch ist es nicht unverzichtbar. Beten heißt vor allem sich vertrauensvoll sammeln, sich anerkennend besinnen auf jene naturgegebene Ordnung, von der wir alle ein Teil sind.

Sigmund Freud war besorgt ob der Empfindlichkeit des psychischen Apparates – man kann aber auch davon begeistert sein: Er funktioniert! Man kann sich über einzelne Pannen im Getriebe ärgern, aber die Maschine als solche läuft.

Ist es da nicht recht und billig, auch die angenehmen Überraschungen zur Sprache zu bringen? Wir verwünschen das Schicksal, wenn es gegen uns ist. Warum ihm nicht danken, wenn es uns begünstigt? Ist es nicht nur gerecht, auch unsere Freunde daran teilhaben zu lassen? Wir sind es ihnen schuldig, zumal wir ihnen auch unsere Launen und unser Leid zumuten.

A propos, wer sein Glück sieht, weiß es besser zu schätzen, nach Art der Leute, die sich kneifen, um sicherzugehen, daß sie nicht träumen: Ja, das passiert wirklich mir.

Glückliche Konstellationen wollen untermauert sein. Man kann sich nicht oft genug bedanken: bei der Gefährtin, die uns auserwählt hat, bei unseren Freunden, die es geworden sind, bei unseren Kindern, die uns geboren wurden, und nicht zuletzt bei der Telefonistin, die unseren Tag mit einem fröhlichen »Guten Morgen!« segnet.

Man muß jedem Augenblick, den man erlebt, eine Chance geben. Ein Zen-Meister sagte: »Wenn ich esse, esse ich.« Ein anderer Meister, dessen Schüler sich beklagten, durch die Geräusche von nebenan beim Meditieren gestört zu werden, entgegnete ihnen: »Ganz im Gegenteil: Nur weil ihr euch nicht sammeln könnt, hört ihr diese Geräusche.«

Einer meiner Söhne ist Architekt: Während seines Studiums habe ich mit ihm gelernt, genauer hinzusehen. Welcher Wunder wird man gewahr, wenn man einmal einen Blick auf die Fassaden wirft! Es genügt schon, kurz die Nase vom Erdboden zu lösen!

Ich habe das Glück, im Zentrum von Paris zu wohnen. Tausend- und abertausendmal ging ich über die Seine und vergrub dabei den Kopf tief im Kragen meines Mantels. Bis mich eines Tages der wunderbare Anblick des Flusses gefangennahm, der im Licht funkelt wie ein Juwel, vorausgesetzt, man sieht hin.

Ein Glas kaltes Wasser wird zu einer köstlichen Gabe, wenn man es zu schätzen weiß. Eine Frucht, die man mit Genuß verzehrt, ist ein Geschenk des Himmels. Und ein Stück vom blauen Himmel versetzt uns in heitere Beschwingtheit.

In seinem Film Der letzte Kaiser zeigt Bertolucci den Herrscher Chinas beim allmorgendlichen Gruß in Richtung der vier Kardinalpunkte: Erde, Himmel, Mond und Sonne.

Dieses Ritual ziehe ich dem jenes afrikanischen Königs vor, der auf einer kleinen Kiste stehend in gleicher Weise viermal auf den Boden spuckte, um seine Verachtung für sämtliche Könige der Welt zu bekunden. Da fängt der Tag ja gut an!

Der Taxitest

»Wenn gar nichts mehr geht, nehme ich ein Taxi.«

Er hat es beinahe stolz gesagt.

Ein bekannter Anwalt mit lukrativer Kanzlei, neunundsechzig Jahre alt. Ein Taxi nimmt er eigentlich nur, wenn es gar nicht anders geht: Es ist etwas Besonderes, das Sahnebonbon.

Warum gönnt er sich diesen kleinen Luxus nicht jedesmal, wenn er irgendwohin muß?

Nichts ist einfach, am wenigsten der Mensch. Da sind die bürgerliche Erziehung, die Existenzangst und der Trieb zu horten. Doch unser betuchter Anwalt ist kein Pfennigfuchser: Am Kleingeld für ein paar Taxifahrten dürfte es ihm kaum fehlen! Gewiß, wer den Pfennig nicht ehrt, ist des Talers nicht wert, aber ein paar Pfennige sind noch längst kein Vermögen.

In Wahrheit ist das Taxi ein Test. Genau genommen zielt er nur auf die gehobene Einkommensklasse ab, doch in der einen oder anderen Form hat jeder sein Taxi. Der eine macht die Badewanne nur halb voll, der andere lebt im Halbdunkeln, der dritte kann kein Hemd wegwerfen, auch wenn er es sowieso nicht mehr trägt. Diese Mentalität ist überall anzutreffen.

Der Test deckt eine Illusion auf: Wir halten uns für unsterblich.

Malraux beschrieb den Menschen als ein Tier, das weiß, daß es sterben wird; ja, er weiß es wohl, allein ihm fehlt der Glaube. Erkenntnis und Einsicht klaffen auseinander. Alle

Beweise, die sich im Lauf von Jahrtausenden angesammelt haben, vermögen uns keine Gewißheit zu geben. Zwischen den Grabbeigaben für die Pharaonen und den Blumen auf den Gräbern unserer Toten ist kein großer Unterschied: Niemand stirbt wirklich.

Beklagen wir uns nicht zu laut über dieses Hirngespinst; es erleichtert uns das Leben und bereichert unsere Kultur um ein wichtiges Gebiet – die Luftschlösser. Arrangieren wir uns lieber mit ihm; unterhalten wir es, unterhält es uns. Über den Tod nachzudenken, so schmerzhaft das auch sein mag, sollte die Quelle sein für ein wohltemperiertes Glück.

Ein Freund erzählte mir neulich folgendes:

»Zwei Ereignisse haben mich schließlich von der Sinnlosigkeit des Sparens überzeugt: eine schwere Krankheit und der Zusammenbruch der Börse. Bücher, Taxifahrten, Restaurantbesuche mit Freunden – was hätte ich mir all die Jahre leisten können für das, was ich innerhalb eines Tages an der Börse verloren habe! Ich wollte für meine Rente vorsorgen, fast hätte ich überhaupt keine gehabt. Ich habe für später gespart und mir zu leben versagt.«

Wir geben uns einer Täuschung hin, wenn wir von der Erinnerung und für die Zukunft leben. Flüchten uns in eine Vergangenheit, die es nicht mehr gibt, und in eine Zukunft, die es vielleicht nie geben wird. Wir leben weder in der einen noch in der anderen; denn wirklich ist nur die Gegenwart.

Ronsard drängte seine Angebetete, die Rosen des Lebens heute zu pflücken. Er meinte die Liebe, doch gilt es für alles.

Philosoph und Politiker

Kürzlich wurden die Nobelpreisträger aus aller Herren Länder im Elysee empfangen. Trotz der Ehrenbekundungen, die der Staatspräsident ihnen entgegenbrachte, schienen sie linkisch und respektvoll sein Gefolge zu bilden. Die Journalisten sprachen sogleich von den *Geistesfürsten* – doch das ist nichts als eine Metapher; Fürst ist allein der, der die politische Macht innehat.

Platon wollte die Philosophen zu Königen und die Könige zu Philosophen machen. Geistiges und Weltliches in einer Person zu vereinen ist der naive Wunsch der Intellektuellen. Er wurde selten erfüllt und führte fast immer zur Katastrophe.

Dion von Syrakus, der sich von Platon beraten ließ, wurde ermordet. Thomas Morus, Berater Heinrichs VIII., wurde enthauptet. Aristoteles, Erzieher Alexanders des Großen, wurde von Politikern zum Tode verurteilt, genau wie Sokrates, sein philosophischer Vorfahr. Die Schriftsteller sind jene Berufsgruppe, aus der die meisten Inhaftierten stammen.

Philosoph und Politiker verfolgen weder dieselben Ziele noch dieselben Methoden. Selbst als König würde der Politiker noch hausieren gehen: Er muß verführen, um zu überreden, um Einfluß zu gewinnen, daher die Theatralik seiner Gestik und Rhetorik. Seine Rede ist nichts als Waffe im Dienst der Aktion: Die berüchtigten Phrasen der Politiker sind keineswegs die ärgerliche Ausnahme, sondern die Regel.

Der Philosoph hingegen möchte überzeugen, selbst auf die Gefahr hin, zu mißfallen. Die Rede ist sein wichtigstes Instrument, sensibel und wertvoll, und er geht pfleglich damit um; denn weicht er von der Wahrheit ab, war er die längste Zeit Philosoph.

Doch deshalb muß man noch lange nicht den Philosophen immer in die Rolle des Helden, den Politiker in die des Schurken drängen. Der Politiker, der sich in den Dienst seiner Gruppe stellt, sieht sich in einen Krieg verwickelt; und ein General, der alles ausplaudert, dürfte als verantwortungslos gelten. Würde man von einem Arzt verlangen, daß er immer alles ganz offen sagt? Es ist gar nicht so sicher, daß der »Mann auf der Straße« das anders sieht. Ein Ehrenmann wie Mendès France war bestrebt, dem Volk nichts zu verheimlichen: Er hat damit ein Zeichen gesetzt, doch verlor er bereits nach sieben Monaten die Macht und erlangte sie nie wieder zurück.

Wir mögen den Politiker zu Recht verdächtigen, ihn daran erinnern, daß ihm die Macht von uns verliehen wurde und daß er darüber Rechenschaft ablegen muß, daß er manchmal schweigen, doch niemals lügen darf, daß die Information für die Demokratie konstitutiv und einem breiten Publikum zugedacht ist. Doch ohne sein Theater und seine Wendehalsmanöver zu ernst zu nehmen, sollten wir ihn zunächst einmal seine Arbeit tun lassen.

Die Art, wie manche Philosophen mit der Macht kokettieren, ist lächerlich und widernatürlich. Von der Macht fasziniert, sehen sie in ihr die ideale Spielwiese für ihre Träume; doch man regiert nicht, indem man herumexperimentiert. Utopien, seien sie weltlicher oder geistiger Art, sind stets eine Bedrohung für die Freiheit.

Wenn er seine Integrität wahren will, muß der Philosoph auf Distanz zum Politiker bleiben. Das ist nicht der richtige Umgang für ihn; wie Faust oder der Mann mit dem goldenen Gehirn hat er nichts zu verkaufen als seine Seele.

Fazit: Schuster, bleib bei deinen Leisten, im Interesse aller und um des lieben Friedens willen.

Auf den *Lesefutter*-Text hin erhielt ich etliche Zuschriften. Habe ich den Eindruck erweckt, man solle sich auf Epiktet und die Bibel beschränken? Selbstverständlich handelt es sich dabei nur um das oberste Fach im Regal; ich dachte, ich wäre auch auf Romane und Krimis eingegangen … Wie auch immer, *mea culpa*, wer mißverstanden wird, hat sich mißverständlich ausgedrückt.

Lebensfreude

Pfarrer Castelnau hielt im Sonntagsradio eine so entschlossene Predigt, wie man sie nur selten zu hören bekommt. Er erinnerte daran, daß die Regeln der Weisheit einfach, gering an der Zahl und allen zugänglich sind.

Um zu innerem Frieden zu gelangen, müsse man drei Übereinkünfte erzielen: mit sich selbst, mit den anderen und mit der Welt. Seine Worte hätten die eines griechischen Gelehrten oder eines Buddhisten sein können; er beschränkte sich auf den kleinsten gemeinsamen Nenner.

Wird man präziser, kommen sofort unterschiedliche Lehrmeinungen und Temperamente zum Vorschein, zwei Dinge, die miteinander zusammenhängen.

Die einen wollen jedem Grund zur Unruhe aus dem Weg gehen und streben nach einem unverläßlichen und kümmerlichen Frieden. Nur nicht sich binden! Weder an sich selbst noch an andere Lebewesen oder Gegenstände. Die anderen sehen das Leben als ein Fest, das sich durch fortwährenden Frohsinn nährt. Die Devise der ersten heißt: »Verzichte!«, die der zweiten: »Genieße!«

Es heißt, daß Epiktet, der ein Sklave war – woher vielleicht seine Lebensweisheit rührt –, zur Folter auf der Streckbank verurteilt wurde. Nach einer Weile sagte er zu seinem Herrn: »Paß auf! Du brichst mir gleich mein Bein!« Der Angesprochene jedoch sah Epiktets Ruhe und glaubte, der Philosoph wolle sich über ihn lustig machen. Er zog noch fester, man hörte ein Krachen. »Siehst du«, sagte Epiktet, »jetzt hast du es mir gebrochen.«

In diesem Punkt haben manche Christen etwas mit

dem Philosophen gemein. Madame Guyon, eine Schülerin von Fénelon, leckte Auswurf vom Parkett. Dies inspirierte Alain Cavalier in *Thérèse* dazu, eine der beiden Schwestern das Blut ihrer tuberkulosekranken Freundin auflecken zu lassen. Bossuet verurteilte diese exzessive Mortifikation des Körpers und erhielt im Streit mit Fénelon die Unterstützung Roms.

Mortifikation hat mit töten zu tun. Ist es, um zu leben, notwendig, in uns das Leben abzutöten?

Ein chinesischer Philosoph hatte seinen Sohn verloren. Da er nicht niedergeschlagen schien, wunderten sich die Leute.

»Früher hatte ich keinen Sohn, jetzt habe ich keinen mehr. Warum sollte ich darüber betrübt sein?«

Bewundernswert, aber hat das noch etwas mit Menschlichkeit zu tun?

Wir binden uns an das, was uns Freude macht. Jede Bindung birgt in sich jedoch das Risiko der Trennung und jede Trennung den Schmerz. Müssen wir uns jede Freude versagen, um uns jegliches Leid zu ersparen?

Unser tüchtiger Pfarrer verurteilt außerdem all die »technischen Spielereien unserer Zivilisation«. Ich habe, zugegebenermaßen, täglich meine kleine Freude am warmen Wasser aus der Mischbatterie und eine noch größere an dieser Wunderkiste, die Radio genannt wird und es mir erlaubt, so schöne Predigten zu hören. Und was ist mit dem Fernsehen in Elendsvierteln? Und den Impfstoffen, durch die die Lebenserwartung von 30 auf 75 Jahre verlängert wurde?

Das Ewige im Vergänglichen zu suchen ist erbaulich, doch sollte man deshalb auf den heiteren Einklang mit der Welt verzichten, auf die flüchtige Anmut der Kinderjahre und die kurzlebige Pracht der Jahreszeiten?

Mit brillanter Ironie entwirft der Humanist Erasmus in wenigen Zeilen das Porträt des weisen Stoikers: Es ist die Marmorstatue einer imaginären Persönlichkeit.

Indem er die Schatten ausradiert, zerstört der Stoiker letztendlich die ganze Struktur der Zeichnung. Es gibt kein vollkommenes Meisterwerk, weder in der Kunst noch im Leben.

Geben wir uns mit dem kleinen Glück zufrieden, genießen wir einfach die Freude zu leben, wie es der Philosoph Robert Misrahi so glücklich formuliert hat, und lernen wir, auch Tränen zu akzeptieren, denn das Glück hat – wie jedes Ding – seinen Preis.

Die Angst vor dem anderen

Ein Professor und seine Frau hatten einen anderen Professor, Herausgeber einer großen Wochenzeitung, und zwei weitere Personen zu Gast, an deren Status ich mich nicht mehr entsinne. Aufgebracht über das, was man über Gastarbeiter, ihre sonderbaren Gebräuche und ihre mangelnde Anpassungsfähigkeit sagte, platzte ich ohne viel Nachdenken heraus:

»In einigen Jahren wird ein Gelehrter oder ein Journalist hier bei Ihnen sitzen, von dem Sie nicht einmal wissen, daß er Muslim ist, weil er sich von Ali in Jean umbenannt haben wird.«

Was hatte ich da gesagt! Welch giftige Schlange hatte ich da, wie ein Verräter, in die gemütliche Atmosphäre des Salons geworfen!

Ich versuchte es zurechtzubiegen: Die Menschen klammern sich an ihre Traditionen, wenn sie Gefahr laufen, sie zu verlieren – aus Angst vor dem Unbekannten; der Mensch verändert sich trotz seiner Angst vor Veränderung. Wie kann man im heutigen Frankreich noch Katholiken, Protestanten und Juden voneinander unterscheiden?

Es gelang mir nicht, die von mir vergiftete Stimmung zu bereinigen. Diese braven Bürger, liberal, klug und gebildet, sahen sich nicht als Rassisten; und strenggenommen waren sie auch keine. Sie hatten es nur nicht ertragen, daß man in ihre Gemütlichkeit hinein den Geist des von ihnen gefürchteten Unbekannten rief.

Die Zurückweisung des anderen aus Angst vor den Unterschieden, die ich auch *Heterophobie* oder Angst vor dem anderen genannt habe, ist an sich noch kein Rassismus. Ein Arbeiter, den man zu seinen Nachbarn aus Martinique befragte, beklagte sich bitter über den Geruch der antillischen Wurst, der das Treppenhaus verpeste. Als der Journalist boshafterweise auf Kohlsuppe zu sprechen kam, erhellte sich sein Gesicht:

»Kohlgeruch? Es gibt nichts Besseres! Das erinnert mich an meine Kindheit.«

Hätte unser Kohlliebhaber und Wurstverächter zur Rechtfertigung seiner Ablehnung nun auch noch mit viel Mühe ein Gedankengebäude errichtet, wäre er zum Rassisten geworden. Zum Beispiel: Wer etwas so Abscheuliches ißt, muß einer minderen Rasse angehören. Was ihm das Recht verschafft hätte, sich der lästigen Nachbarn zu entledigen. Die Heterophobie ist ein Gefühl, der Rassismus eine Pseudophilosophie, die auf dem Boden des Gefühls gedeiht und es im Gegenzug nährt.

Der Rassismus ist etwas Absurdes, Ungerechtes und Gefährliches. Es gibt keine Reinheit; keine Überlegenheit ist von Dauer; Privilegien sind durch nichts zu rechtfertigen. Selbst ein halbwegs kluger Kopf wird alledem zustimmen können. Hartnäckiger ist da schon die uralte Angst des Menschen vor dem Mitmenschen, dem Unbekannten, dem potentiellen Täter und Verbrecher; ein jeder trägt sie in sich.

In einer Anwandlung von großem Feldherrentum wollte Alexander der Große seine Truppen einst zur Verbrüderung mit den Besiegten zwingen. Seine Gefährten ließen ihn für diese kühne Generosität teuer bezahlen. Er sei, so sagt man, an Gift gestorben. Wir sind kein bißchen besser:

Man bleibe auf Distanz und schieße den ersten Pfeil. Die Angst jedes einzelnen nährt unser aller Angst, und so beißt sich die Katze in diesem Teufelskreis immer wieder selbst in den Schwanz.

Was würden wir verlieren, wenn wir diesem immerwährenden Kampf ein Ende setzten? Der Heterophobe erinnert an jene Hunde vom Lande, die sich auf den Briefträger stürzen, nur weil der eine Uniform trägt. Anstatt immer gleich zuzubeißen: Freunden wir uns lieber an mit unseren Unterschieden und erfreuen uns daran, so wie wir das auch in der Liebe und auf Reisen tun.

Frustrationen

Eine gute Freundin bekannte: »Ich sollte mich schämen, mich zu beklagen; mir fehlt, wie man so sagt, eigentlich nichts, um glücklich zu sein, aber ich bin nun mal nicht glücklich; und zwar deshalb nicht, weil man mich ständig frustriert, ja, *frustriert*! Ich soll essen, wenn ich keinen Hunger habe, schlafen, wenn ich noch nicht müde bin, ausgehen, wenn ich mich lieber mit meinem Buch im Sessel verkriechen würde ...! Ende vom Lied: Ich habe niemals Hunger bei Tisch, schlafe schlecht und langweile mich in Gesellschaft zu Tode!«

Gegen wen richtet sich ihr Groll? Ganz offensichtlich gegen ihre Familie, die ihr einen Rhythmus aufzwingt, der nicht der ihre ist, und ihr Pflichten auferlegt, die ihr lästig sind.

Die Erfordernisse des Zusammenlebens harmonieren nicht immer mit den Bedürfnissen des einzelnen, gewiß. Und dennoch: War die Klage meiner Bekannten wirklich gerechtfertigt?

Natürlich bringt jede zwischenmenschliche Beziehung gewisse Zwänge mit sich, doch gibt es wohl kaum eine Beziehung, in der man sich nicht ein wenig arrangieren könnte. Selbst die Diktatur dürfte da keine Ausnahme machen, sonst wird ihr früher oder später gewaltsam der Garaus gemacht – es kommt zur Revolution. Immer wird sich innerhalb der häuslichen Gemeinschaft ein privater Bereich aussparen lassen, den man ganz für sich alleine hat.

Niemand kann uns wirklich daran hindern, einen Keks zu knabbern, wenn wir Hunger haben, und ein zweites Frühstück oder einen Five o'clock tea einzulegen, wenn uns der Sinn danach steht. Bei den gemeinsamen Mahlzeiten leisten wir den anderen dann gutgelaunt vor unserem halbvollen Teller Gesellschaft. Und wenn man keine Müdigkeit verspürt, wenn alle anderen schlafen gehen, dann findet sich wohl immer noch ein Eckchen, Bett oder Sessel, wohin man sich noch eine Weile zurückziehen kann, wenn man nur freundlich erklärt, daß man ein wenig später ins Ehebett nachkommt. Nach anfänglichem Befremden wird sich der Partner schnell daran gewöhnen.

Erwarten Sie Ihr Heil nicht von den anderen, nehmen Sie Ihr Glück selbst in die Hand. Verwöhnen Sie sich, statt lange zu warten, daß andere es tun, die das vielleicht gar nicht können. Wenn Ihre Frau oder Ihr Mann kein Feinschmecker ist, wird es ihm oder ihr nicht im Traum einfallen, das Restaurant ausfindig zu machen, wo es all die Köstlichkeiten gibt, deren Name allein Ihnen schon auf der Zunge zergeht. Machen Sie sich selbst auf die Suche danach und laden Sie dann Ihren Partner dorthin ein.

Hören Sie damit auf, ständig nach Gegenargumenten zu suchen (Sie werden immer welche finden!): daß es zu kompliziert, viel zu teuer, viel zu ich-weiß-nicht-was sei. Natürlich hat alles seinen Preis, kostet Zeit oder Geld. Und alle Tage ist nicht Weihnacht, doch hin und wieder haben Sie schon Anspruch auf ein wenig Weihnacht außer der Reihe.

Und fragen Sie sich auch einmal, warum Sie sich so lange haben frustrieren lassen: Vielleicht haben Sie sich ja weitgehend selber frustriert?

Die Lachboutique

Gern bin ich in Gesellschaft von Spaßvögeln, jener raren Spezies, die zu allem und jedem eine lustige Geschichte auf Lager hat, zu ihrem eigenen wie zu unserem Vergnügen.

Erasmus von Rotterdam mokierte sich über jene, die mit langer Miene und ohne auch nur den Mund zu öffnen jeder Abendgesellschaft den Charme zu rauben wissen. Einer meiner Freunde, Arzt mit Leib und Seele, will in seiner Freizeit partout keine traurigen Gesichter um sich haben – davon sieht er in seiner Praxis schon genug. Statt im Kreis der Schwermütigen zu versinken, suche man sich besser eine Umgebung, in der der heilsame Bazillus des Frohsinns grassiert.

Jede Lebensweisheit beinhaltet zweierlei: zu erkennen, was es zu tun und was es zu vermeiden gilt. Angst und Wut verlangen dem Organismus bekanntlich viel ab, sie machen ihn krank und kaputt. Doch den positiven Gefühlen, die ihn erheitern und erhalten, wird merkwürdigerweise viel weniger Beachtung geschenkt. Als genügte es, Schlechtes zu umgehen, um zum Guten zu gelangen.

In *Der* Arzt in uns selbst legt der amerikanische Autor Norman Cousins seinen Lesern das Lachen ans Herz. Es ist ein heftiger Gefühlsausbruch: Man bekommt einen Schluckauf und keine Luft mehr, die Tränen kullern ungehemmt – und alles aus purer Heiterkeit. Die Lachtherapie ist effektiv, gar nicht teuer und überaus ange-

nehm, eine Gymnastik für Körper und Geist, die Mut und Lebensfreude weckt.
Falls Sie nicht zu jenen Glücklichen zählen, die sich schon vor Lachen krümmen, bevor sie überhaupt zu erzählen beginnen – Tenöre des Badezimmers im sonoren Tonleiter-Vollbad, überschäumend vor Lachen beim Blick in den Spiegel –, so können Sie dennoch ein wenig Abhilfe schaffen.

Sie können sich an einen Spezialisten wenden. Ein Teil meiner Bibliothek beherbergt ausschließlich Autoren des Lachens, von der derbsten Komik bis zum hintergründigsten Humor. Einen lustigen Film verpasse ich nur selten – meine Freunde sind beauftragt, mich auf dem laufenden zu halten. Und ein Abend im Kabarett besiegt jede Alltagstristesse. Humoristen sind Heilpraktiker der Melancholie – die Besten unter ihnen verdienen eigentlich den Nobelpreis für Glück.

Sie können sich aber auch selber helfen. Man muß gar nicht wissen, worüber man lacht, Hauptsache, man lacht. Das Zubehör für Ihr Lachtraining ist überall erhältlich. Es war Henri Salvador, glaube ich, der eine Schallplatte mit einer einzigen Folge von Lachkaskaden aufgenommen hat – da bleibt kein Auge trocken! Ionesco besitzt eine Sammlung amüsanter Horrorartikel, die dank der Spenden seiner Bewunderer ständig wächst. Ich selbst würde empfehlen, Fachgeschäfte zu eröffnen – wenn es sie nicht schon gäbe. Eines, auf der Ile Saint-Louis im Herzen von Paris, trägt den sonnigen Namen *Lachboutique!* Welcher Staatschef wollte seine Reputation nicht noch ein wenig aufbessern und ein »Museum des Lachens und der Freudengesänge« gründen, in dem die geplagte Bevölkerung Trost und Erholung findet?

Weil Lachen so schön einfach ist, rümpfen Prestigesüchtige darüber meistens die Nase. Schon La Bruyère merkte an, daß, wer andere zum Lachen bringe, sich nur selten Respekt verdiene. Ein ungerechter Irrtum: Lachen ist weder vulgär noch skandalös.

Denken wir nur an Einstein, wie er seinem Fotografen die Zunge herausstreckt! Auf dem Gipfel seines Ruhms hatte er es nicht nötig, sich zu verstellen. Sogar die Götter lieben das Lachen, selbst der strengste unter ihnen, der Gott der Bibel. Und in Asien hat man sich mit Buddha einen lächelnden Gott geschaffen.

Der lachende Mensch ist gesellig und gutmütig. Mein Freund, der Arzt, ist tagsüber nur deshalb Arzt mit Leib und Seele, weil er sich abends gut amüsiert. »Gehen wir einen lachen!« schlägt mir mein Freund, der Maler, vor, so wie man sagt: »Gehen wir einen trinken!« Aus beidem spricht der Wunsch, es sich gemeinsam gutgehen zu lassen.

Glückliche Menschen sind der lebende Beweis dafür, daß Glück möglich ist. Und zum Glück wirkt Freude ebenso ansteckend wie Traurigkeit.

Die Lachboutique auf der Ile Saint-Louis gibt es leider nicht mehr. Wer macht eine neue auf?

Götzendienst

Ein Ausflug nach Venedig brachte uns wieder einmal zu den berühmten Glasbläsern von Murano. Einer der Meister führte uns seufzend seine Kreationen vor: Das alles sei dem Untergang geweiht, die jungen Leute von heute hätten nicht mehr so geschickte Finger ... Und warum? – »Die Gewerkschaften, Signore!« Kinderarbeit werde nicht mehr geduldet, aber beim Glas, da müsse man mit sieben Jahren anfangen, später sei zu spät.

Wirklich Pech!

Nicht, daß ich keinen Sinn für diese Wunderwerke hätte; schließlich habe ich das Licht der Welt nur wenige Stunden südlich von Italien erblickt und bin mit ihnen groß geworden – ich erinnere mich noch heute an einen riesigen Lüster, der ein ganzes Zimmer ausfüllte, ein Feenmärchen aus türkisenem Opalin, von tausend gebündelten Lichtern umglänzt. Doch wenn Kinder dabei ihre Kindheit einbüßen, Frauen ihr Augenlicht und ihr Leben ruinieren, dann sollte man ihnen nicht lange nachweinen, den Kristallen, den Klöppelspitzen und den Teppichen.

Fanatismus in jeder Spielart ist schädlich, sei er religiös, politisch oder ästhetisch motiviert. Weh dem, der eine schöne Stimme sein eigen nennt: In manchen Sultanaten sticht man ihm die Augen aus, überzeugt davon, daß die Verstümmelung eines Sinnes die anderen Sinne stärkt. Exotische Grausamkeit? Von wegen, in Europa gab es noch im 18. Jahrhundert aus demselben absurden Grund einen angesehenen und gutbezahlten Beruf: den des Kastrators.

Sobald der Mensch nicht mehr das Maß aller Dinge ist, steht seiner Mißachtung nichts mehr entgegen, dem Grauen sind Tür und Tor geöffnet. In Karthago warf man die Neugeborenen Baal zu Gefallen ins Feuer, und Agamemnon opferte seine eigene Tochter, um die Gunst der Götter zurückzugewinnen. Der Mensch, wohl wissend um seine Verwundbarkeit, braucht eine Zuflucht; doch in einer unseligen Verkehrung unterwirft er sich dem, was ihn doch stützen sollte: Er erhebt es zum Götzen.

Und dieses Spiel wird noch immer gespielt.

Was anderes tun wir denn heute, als die antike Opfertradition fortzuführen? Um dem Glauben, der Kunst oder der Wissenschaft zum Sieg zu verhelfen, würden wir die menschliche Gattung kalt lächelnd krepieren lassen. Für die Konservativen ist der Mensch der Dung der Geschichte, für die Revolutionäre ist er der Dung der Menschheit.

Stellen Sie sich in Gedanken doch einmal selbst auf die Probe: Hätten Sie zwischen zwei Bomben zu wählen, deren eine die Objekte zerstörte, doch alles Lebendige verschonte, während die andere den entgegengesetzten Effekt hätte, wie würden Sie entscheiden?

Sartre hat seinerzeit darauf eine Antwort gegeben, die den Ästheten nur höhnisches Lachen entlockte: Nichts rechtfertige den Tod eines Kindes. Sie zögern noch? Weil Sie nicht die naive Unbedingtheit des Philosophen besitzen: Moral hat, so sie konsequent betrieben wird, immer etwas Bilderstürmerisches. Der Mensch muß wichtiger als alles andere sein, wichtiger auch als die Dinge, die er geschaffen hat.

Auf eben dieser Venedigreise entdeckten wir verwundert riesige Plexiglasscheiben, die die prachtvolle Fassade des *Ospedale Civile* abschirmten. In Venedig sind Kunst und

Leben nicht voneinander zu trennen: Die Piazzetta war voll mit fußballspielenden Kindern. Plötzlich prallte der Ball mit voller Wucht gegen eine der Plexiglasscheiben, und jetzt erst verstanden wir. Statt den Bengeln zu verbieten herumzutoben, schützten die Stadtväter, so gut es ging, das historische Monument. In diesem Pakt mit dem (Künstler)Himmel lag so das letzte Wort bei den Kindern.

Rendezvous des Geistes

Manès Sperber, der französische Schriftsteller aus Wien, erzählte mir einmal, er habe in seiner Jugend von einigen Älteren, die er bewunderte, die Erlaubnis erhalten, sie an bestimmten Tagen zu festgesetzter Stunde anzurufen, um mit ihnen zu plaudern. Von diesen geistigen Rendezvous, wo die physische Präsenz völlig ausgeschaltet war, habe er ungemein profitiert.

Je älter man wird, desto schwieriger dürfte es werden, derlei Verabredungen zu treffen, ohne lächerlich zu wirken. Niemand kann sein Leben lang Schüler bleiben. Doch zum Glück geht es heute auch anders: Es genügt, wenn man versteht zuzuhören; dabei stellt man außerdem fest, daß sich immer von jemandem etwas lernen läßt.

Es ist ein schönes Privileg unserer Zeit, daß wir heute Menschen von geistiger Größe und spirituellem Reichtum so nahe kommen können, wie es einst nur den Mächtigen möglich war. Franz I. hatte das Glück, einen Leonardo da Vinci an seinem Hof zu haben; Katharina die Große hatte Voltaire, und Madame de Montmorency ihren Rousseau. Wenn wir es nur wollen, können wir baden in diesem himmlischen Manna, das sich pausenlos über uns ergießt.

Ich persönlich profitiere immer vom Gespräch mit meinen Besuchern. Sie reden gerne, denn sie können sich gehenlassen, außerhalb ihrer gewohnten Umgebung und eine Zeitlang befreit von allen beruflichen Zwängen.

Ein Arzt beispielsweise erzählt ganz unbefangen von

Dingen, die er seinen Patienten, die von ihm stets in Sicherheit gewogen werden wollen, nie anvertrauen könnte. Und ein Anwalt läßt uns vergnügt hinter so manche Kulisse blicken und lehrt uns mehr über das Leben als jede juristische oder moralphilosophische Abhandlung.

Um das Beste aus seinen Gästen herauszuholen, muß man sie auf ihren Beruf ansetzen – die Dame des Hauses weiß das schon lange.

Aber, werden Sie einwenden, das sind ja alles große Experten; natürlich kann man von ihnen etwas lernen, wenn sie einwilligen, ihr Wissen mit uns zu teilen.

Doch jeder, ganz gleich, welchen sozialen Rang er einnimmt, weiß eine besondere Lektion, die er und nur er uns erteilen kann.

Unterhalten Sie sich mal mit einem Schlosser oder Schuster, sehen Sie ihnen bei der Arbeit zu, sie werden Ihnen eine ganz neue Sicht der Dinge beibringen: über das Eisen, das Leder, das Leben. Ganz zu schweigen von dem nicht alltäglichen Vergnügen zu entdecken, welch sicheren Blick, welch sichere Hand sie haben – die Grundlage eines jeden handwerklichen Berufsethos; ich selbst habe erst in den Werkstätten der Handwerker die Achtung vor meinem eigenen Beruf gelernt.

Und so trägt jede Begegnung auf ihre Weise zu unserer geistigen Bereicherung bei. Zwar muß man nicht lebenslang Schüler bleiben, doch einen Meister kann man immer finden.

Und der Meister, was hat der davon? Ich bin sicher, daß die illustren Herren, die dem jungen Sperber erlaubten, sie anzurufen, dabei durchaus auf ihre Kosten kamen. Dadurch, daß sie seiner begierigen Bewunderung Nahrung gaben, gaben sie ihr Wissen weiter; in der Begegnung mit dem jungen Leben verlängerten sie ihr eigenes. Indem er Sokrates zur Hauptperson seiner Dialoge machte, gab Platon seinem Meister sehr viel mehr zurück, als er jemals von ihm empfangen hat.

Vom Geniessen

Genuß ist etwas Paradoxes: Jeder sucht danach, und dennoch ist das Genießen so umstritten. Genuß ist so beunruhigend wie verführerisch. Monsieur Le Trouhadec erregte durch seine Ausschweifungen Anstoß und Unverständnis; die Fleischeslust der Lebensmitte wird gemeinhin als Verrücktheit angesehen.

Ein gewiefter Imker glaubte, er sei besonders gerissen, wenn er seinen Bienen Zucker gäbe. Die braven Tierchen, als Schweizer an maßvolles Verhalten gewöhnt, starben an ihrer Gefräßigkeit. Ein jeder kennt auch das klassische Experiment mit Ratten, die vor einer lustspendenden Vorrichtung schließlich an Hunger und Erschöpfung sterben.

Genuß widerspricht den Normen und scheint ohne Nutzen. Jede Macht – und damit jede Ordnung – mißtraut ihm. Brot und Spiele ja, aber nur wenn sie sich in staatlicher Hand befinden. In die Enge getrieben und durch einen so allgemeinen Argwohn konditioniert, ergeht sich der Genießer schließlich in Selbstbezichtigungen. Kaum einer wagt noch, sein Gefallen an Kreuzworträtseln einzugestehen.

Das wüste Leben, falls es überhaupt existiert, ist zweifellos ein Irrweg. Statt anhaltender Ekstase bringt es nur Überdruß oder führt gar zur Selbstzerstörung. Ein Freund pflegte aus Schalkhaftigkeit stets drei Desserts anstelle eines Hauptgerichts zu bestellen. Sehr zum Amüsement der Anwesenden, doch tat es ihm keiner nach, nicht aus

Konformismus, sondern weil ein Nachtisch eben keine Mahlzeit ersetzen kann.

Casanova, der Inbegriff der Ausschweifung, gönnte sich zwischen zwei Vergnügungen immer eine Pause. Ein Leben, das nur eine endlose Kette von Freuden ist, wäre so langweilig wie ein Film, der nur aus Lachszenen besteht. Tiefen sind notwendig, damit Höhepunkte besser zur Geltung kommen. Selbst Epikur, der als der größte aller Genießer gilt, beschränkte sich auf Brot und Freundschaft.

Doch jeden Genuß aus unserem Leben verbannen zu wollen wäre falsch und ungerecht.

Wir haben den Genuß nicht erfunden; er ist ein Köder, eine Falle, eine Belohnung der Natur. Er steigert die Leistungsfähigkeit unserer Sinne. Das köstliche Brennen von Peperoni und Piment regt zum Essen und Trinken trotz der Hitze an. Die Schönheit der Gesichter und Körper animiert zur Erhaltung der Art.

Genießen ist erlernbar. Wer beschert uns endlich *Das große Buch der Genüsse*, eine Bestandsaufnahme und Gebrauchsanweisung, ein Kostenvoranschlag für uns und noch mehr für die anderen? Vergnügen muß nicht immer abwechslungsreich, mit Aktivität verbunden oder gar wild sein. Auch das Betrachten des Meeres oder das Verweilen im Terrassen-Café kann Freude bereiten. Genuß ist nur ein Tropfen im Cocktail des Glücks, doch welch Würze verleiht er!

Vergnügen steht nicht im Widerspruch zur Pflicht. Meist krönt sie es und macht sie erträglich. Der Genuß ist größer nach getaner Arbeit, schrieb Montaigne, ein Satz, der sich umkehren läßt: Die Arbeit fällt leichter, wenn man weiß, daß danach das Vergnügen kommt. »Du wirst Rechenschaft ablegen müssen für jede Freude, die du dir hast entgehen lassen!« spricht ein jüdischer Weiser. Genießen wäre somit gleichfalls eine Pflicht – dazu will ich mich gerne bekennen.

Der Tod

Mit dieser düsteren Angelegenheit verhält es sich im Grunde recht einfach: Der Tod ist eine Gewißheit und – er bereitet Angst. Diese beiden Dinge lassen sich zunächst feststellen.

Seit Menschengedenken hat niemand je überlebt. Wer Anhänger einer Philosophie ist, die ein zweites Leben verheißt, weiß, daß das Erste eines Tages enden muß: Allein das Hinübergehen erfüllt uns mit Furcht. So schreit die Oberin aus Bernanos' *Begnadete Angst* trotz der Gewißheit einer unsterblichen Glückseligkeit ihre Angst vor dem nahen Tod heraus.

Doch nicht alle Gewißheiten bereiten Angst. Der Lauf der Gestirne und der Reigen der Jahreszeiten sind eher tröstlich. Warum also versetzt uns der Tod in solche Unruhe? Weil er mit Leiden und mit dem Unbekannten verbunden ist.

Die Frage des Todes läuft letztlich darauf hinaus, ob man trotz der Gewißheit und der Angst in Frieden leben kann. Die Antwort lautet ohne jeden Zweifel: ja, und zwar unabhängig von den Wechselbädern, welche die Empfindsamkeit dem einzelnen zu bereiten vermag.

Zu leiden macht Angst, doch ist der Tod nicht mit Leiden gleichzusetzen: Es gibt Leiden ohne Todesfolge und Tod ohne Leiden.

Ich wurde einmal wegen einer Prüfung von meinem Krankenlager gezerrt. Ich wartete auf einem unbequemen Stuhl und spürte, wie meine Mattigkeit wuchs, als mich plötzlich Schwarz umgab. Als sei der Strom ausgefallen, der die Marionette antrieb. Der Tod ist nichts anderes als eine anhaltende Bewußtlosigkeit, ein endgültiger Ausfall. Erleben wir nicht schon allabendlich einen vorläufigen Tod?

Das Unbekannte macht angst, doch ist der Tod nichts Unbekanntes; er ist nichts. In einem einzigen lebendigen Menschen stecken mehr Geheimnisse als in allen Toten zusammen. Jankélévitch, der Philosoph, kam im Alter, nach langem Nachdenken über den Tod, zu dem Schluß, daß er nichts darüber sagen könne. Wie nämlich soll man über nichts sprechen?

Wir fürchten uns weniger davor zu sterben, als nicht mehr zu leben, doch beruht selbst diese Furcht auf einem Mißverständnis. Epikur hat dies in einer noch immer aktuellen Formel ausgedrückt: Solange wir leben, ist der Tod nicht da; ist der Tod gekommen, sind wir schon nicht mehr.

Man sieht das am besten beim Tod geliebter Menschen, der besonders schrecklich für uns ist. Wir fürchten, daß ihnen Schlimmes widerfahren könnte, dabei sind wir es doch, die Lebenden, die sich durch die Trennung einsam und verlassen fühlen. Wir sollten daher den Tod nicht länger fürchten und vielmehr das Leben bejahen.

Doch welche Argumente können schon eine so uralte Angst besiegen? Gehören auch Sie zu denen, die sagen: »Ich glaube zwar nicht an Geister, doch ich spreche nicht gern darüber«? Na schön, belassen wir es dabei, man muß ja nicht alle Tage philosophieren.

Lob der Siesta

Als die schreckenerregenden deutschen V 2-Raketen erstmals auf London fielen, weckte man Winston Churchill: »Herr Premierminister, was sollen wir tun?« – »Nichts«, gab der zurück, »ich kümmere mich nach der Siesta darum.«

Auch ich kenne aus meiner Heimat diese segensreiche Gewohnheit; ich halte regelmäßig und ohne schlechtes Gewissen Siesta. Hinter geschlossenen Läden im wohltuenden Halbdunkel. Zwischen kühlen Laken. Eine Fliege, die ins Träumen gerät, verwundert über die Stille, die sie durch das Zittern ihrer Flügel noch verstärkt.

Doch bedarf es gar nicht solch perfekter Bedingungen. Schauen Sie sich doch einen schlafenden Hund an. Flach liegt er da, die Schnauze auf dem Boden, die Pfoten von sich gestreckt, als wollten sie den Körper nicht mehr halten. Welch Lehrmeister! Wir können es ihm nachtun, immer und überall, im Wartesaal, im Zug oder im Bus.

Die andern werden sich lustig machen über Sie? Lassen Sie ihnen den Spaß, und lächeln Sie über die Lächerlichkeit ihrer Argumente.

Von verlorener Zeit ist da die Rede. Ja, ja, immer die verlorene Zeit. Zeit kann man weder verlieren noch gewinnen. Zeit ist ein leerer Rahmen, den wir füllen müssen. Sollen wir ihn vollstopfen oder uns darin entfalten?

Man fördert keineswegs seine besten Seiten zutage, wenn man sich ständig unter Druck setzt. Napoleon, dessen Terminkalender sich durchaus mit dem eines Unternehmers vergleichen ließ, hielt öfter mal ein Nickerchen. Anschließend ging er um so ausgeruhter ans Werk. Unser Organismus kann nicht ohne Unterbrechung funktionieren. Wie ein Akku lädt er sich im Ruhezustand wieder auf.

Ein großer Konzernchef pflegte Schlag fünf durch die Büros zu gehen. Wer noch am Schreibtisch saß, bekam einen Rüffel: »Haben Sie keine Frau, keine Kinder, keine Freunde? Ich entlasse sie bis morgen früh!«

Einer seiner Mitarbeiter erzählte mir: »Inzwischen habe ich mich selbständig gemacht, aber seine Weisung befolge ich noch immer. Ich habe den pausenlosen Achtstundentag, diese teuflische Erfindung, abgeschafft. Das ist zudem rentabler. Zwei halbe Tage sind mehr wert als ein ganzer.«

Sie würden ja gerne, aber Sie können sich einfach nicht entspannen? Leisten Sie sich einen Kursus: Ein besseres Geschenk können Sie sich kaum machen.

Denn ruhen kann man lernen. Bis man sich daran gewöhnt hat, ist die Siesta vor allem ein bewußter Verzicht. Pascal empfahl Ruhe für das Gebet. Legen Sie sich zur Ruhe, die Beruhigung kommt von selbst. Beißen Sie nicht länger auf Ihrer Pfeife herum, legen Sie den Bleistift weg, um den sich Ihre Finger krampfen. Und wenn Sie an einer roten Ampel stehen: Machen Sie den Gang raus, nehmen Sie den Fuß vom Pedal. Entspannen Sie doch einmal die in Ihnen stets gespannte Feder.

Wenn Sie Entspannung mimen, wird diese bald auf Ihre Finte hereinfallen. Und wird Ihnen fortan gegeben sein als ein Geschenk des Himmels.

Die verborgenen Gerechten

Eine hochstehende Persönlichkeit wollte Rat bei einem berühmten Imam suchen und begab sich in das Dorf, in dem der Heilige wohnte. Da sah er einen Maurer, der das Dach eines Hauses reparierte, den fragte er, wo er den Imam finden und woran er ihn erkennen könne. Der Maurer kletterte von seiner Leiter herunter, wischte sich die Hände ab und sagte: »Ich bin der Imam.«

Dieses Motiv vom *Verborgenen Imam*, das der fatimidischen Tradition entstammt, läßt unterschiedliche Auslegungen zu; ich deute es so, daß wahre Vollkommenheit auf jeglichen Pomp verzichten kann und daher letztlich unsichtbar bleibt. So wie der klassische Zuschnitt mancher Gesichter den Betrachter von der Wahrnehmung ihrer Schönheit ablenkt.

Wer sich seines Könnens sicher ist, hat Lob nicht nötig, heißt es bei Bergson. Das wäre zu schön: Wer ist sich seiner selbst denn schon ganz sicher? Wir sind so sehr daran gewöhnt, bei anderen Bestätigung zu suchen, daß wir, bliebe sie aus, schnell die Orientierung verlören. Doch zweifellos ist jener Erfolg, der nur in gesellschaftlicher Anerkennung besteht, im Vergleich zum echten Erfolg, einem Gelingen der Sache nach, ein oberflächliches und im doppelten Sinne eitles Ding.

Sartre mißtraute solchem Erfolg, er hielt ihn für ein Mißverständnis und ging so weit in seiner Verachtung für äußerliche Ehrungen, daß er sogar den Nobelpreis ablehnte. Und Simone de Beauvoir zeigte sich befremdet vom

Appetit, mit dem der junge Camus sich auf jede literarische Auszeichnung stürzte. Doch ist es nicht so, daß man diesen paradoxerweise gerade dadurch allzu große Bedeutung beimißt? Es ist doch nicht verwerflich, am Champagner des Erfolgs nippen zu wollen oder die materiellen Vergünstigungen, die er mit sich bringt, auszukosten.

Nur wer dem Publikum gar zu sehr schmeichelt, dieser hirn- und gestaltlosen Bestie, der läuft leicht Gefahr, sein eigentliches Ziel aus dem Blick zu verlieren. Wer eitel ist, gibt viel auf die Meinung der anderen, und die ist ungerecht, launisch und schlecht fundiert; er will anerkannt sein, egal wie und von wem. So wie einer, der in Jubel ausbricht, nur weil er sein Photo in der Zeitung sieht, ganz gleich aus welchem Anlaß; oder wie einer, der »ins Fernsehen kommen« will, selbst wenn er dann gar nichts zu sagen hat.

Aus einer Dandy-Laune heraus behauptete Baudelaire einmal provozierend, Erfolg sei stets verdient. Recht hat er, wenn er damit sagen wollte, daß jeder das bekommt, was er verdient hat: Schall und Rauch für den, der versessen ist auf Schall und Rauch.

Echter Erfolg läßt sich demgegenüber als die gelungene Durchführung eines Vorhabens definieren. Es ist schön, wenn man dafür Lob und Anerkennung erntet, aber mit der Vollendung hat man ein Stück auch sich selbst verwirklicht, und so trägt die Sache ihren Lohn in sich.

Dem Motiv vom *Verborgenen Imam* entspricht in der jüdischen Tradition die Legende von den Verborgenen Gerechten, von denen niemand weiß, wer sie sind. Doch sie selber wissen es ja, und das genügt ihnen. Die einzig sichere Freude ist die Genugtuung über eine vollbrachte Aufgabe, da läßt sich nur schwer mogeln.

»Wenn ich morgens in der Zeitung die Besprechungen meines neuesten Buches lese, sieht der Tag gleich heiterer aus«, verrät mir ein Schriftsteller, »doch so manche Lobeshymne verunsichert mich, denn ich weiß ja, daß sie unverdient ist.«

Der einzige Erfolg, der einen wirklich befriedigt, ist der, der aus dem Gelingen der Sache selbst resultiert, als ihr Mehrwert sozusagen. Alles andere ist Falschgeld. Ist Zuckerwatte und Flittergold und beim ersten Windhauch verweht.

Die Zuflucht

Angesichts der Grenzenlosigkeit des Universums ist der menschliche Verstand von grausamer Begrenztheit. Kein Wunder, daß wir da gern ins Nichtrationale flüchten und mit Vorliebe, über alle Epochen und Länder hinweg, in die Religion.

Ich komme soeben von einer Reise nach Ägypten zurück und bin auch diesmal fasziniert. Die Essenz unserer jüdisch-christlichen Kultur findet sich seit Jahrtausenden dort: das anfängliche Chaos, aus dem die Welt entsteht; die Erschaffung des Menschen aus Ton; seine Belebung durch den Atem Gottes. Später werden Judentum und Christentum Gestalt annehmen, doch im Kern ist alles schon im Pharaonentum vorhanden. Jahrhunderte vor Salomon ordnet Amenophis III. bereits die Nächstenliebe an; der Pharao ist Gott und Mensch in einem, ein praktischer Fürsprecher bei seinem himmlischen Vater; und göttlicher Odem – vielleicht schon der Heilige Geist? – schwängert eine Jungfrau.

Religionen strukturieren das Universum neu, um es einsichtig zu machen. Zur Überwindung der Unordnung und der furchterregenden Finsternis des Todes erschuf das alte Ägypten eine sagenhafte Kopie der Welt der Lebenden.

Die Einzelheiten derartiger Konstrukte, Zeugnis des menschlichen Einfallsreichtums, forderten Voltaires Ironie heraus. Aber im Grunde hatte er unrecht: Jeder Ritus ist wie ein Exorzismus, eine Methode, die Angst zu bewältigen.

Täglich werden vor dem Heiligen Schrein (schon die Ägypter hatten ihre Bundeslade) einem steinernen Gott echte Mahlzeiten serviert. Auf diese Weise wird die Rückkehr des Lichts begrüßt, denn das Ende der Finsternis ist immer wieder ungewiß.

Als die Freimaurer, diese Gläubigen der Neuzeit, unsere – so fragwürdige wie beruhigende – Verbundenheit mit dem Kosmos zelebrieren wollten, fiel ihnen nichts besseres ein, als dieses uralte Ritual wieder aufleben zu lassen. Ich bin mir nicht sicher, ob die politischen Organisationen heutzutage sehr viel anders verfahren: Zeremonien, Förmlichkeiten, der Bezug auf Menschen-Symbole: alles Mittel, um die Gemeinschaft auf einen Nenner zu bringen und zusammenzuschweißen.

Jahrtausendelang haben die ägyptischen Priester, Verwalter kollektiver Ängste, die ewigselben Gesten, die ewigselben Beschwörungsformeln wiederholt. Wiederholung hat zweifellos eine beruhigende Wirkung. Die christlichen Erbauungsbücher empfehlen unablässiges Beten; die islamischen Sufis psalmodieren unermüdlich den Namen Allahs, die Anhänger Krishnas rezitieren pausenlos eine kurze Anrufungsformel. Derart beschäftigt, wird der menschliche Geist von seinen Sorgen und Nöten abgelenkt.

Somit stünde also alles zum Besten? Ja und nein.

Der unstillbare Hunger nach letzter Gewißheit, der auf einem absoluten Glauben beharrt, läßt uns engstirnig und tyrannisch werden. Eine doppelte Versuchung belauert uns: Fanatismus, der den Geist unterjocht, und Klerikalismus, der die Macht anstrebt, um der Unterjochung des Geistes den Weg zu ebnen.

Dabei lehrt uns doch schon ein oberflächlicher Blick in

die Anthropologie Toleranz und Bescheidenheit. Religion läßt sich nicht beweisen; ihre Wahrheit liegt nicht in ihren Argumenten begründet, sondern im menschlichen Bedürfnis nach ihr. Von daher auch die Unergiebigkeit religiöser Dispute. Es ist müßig, anderen Dinge aufdrängen zu wollen, die nicht zu ihnen passen: Man weckt damit nur Angst und Aggression. Die thebanischen Priester, die Echnatons früher Monotheismus in Panik versetzte, brachen ihm schließlich das Genick.

Wir streiten um das, was uns von anderen unterscheidet, um Äußerlichkeiten, folkloristisches Beiwerk. Finden wir lieber im Blick auf unsere gemeinsame Verletzlichkeit zusammen und seien wir trotz der Defekte unserer Vernunft in vernünftigen Grenzen irrational.

Ein Teil von unserem Herzen

Achill, der sich schon vom Schlachtfeld zurückgezogen hatte, kehrte nochmals dorthin zurück, um seinen Freund Patroklos zu rächen: Dabei ließ er das eigene Leben. Diesen Heroen der Freundschaft haben die Griechen Altäre errichtet. Um die enge Verbundenheit von Kastor und Pollux zu verewigen, wurden sie von den Göttern als Sternbild an den Himmel gesetzt. Menzius, Schüler des Konfuzius, schreibt, daß die Freundschaft sich hinwegsetzt über Altersgrenzen, Stände und Umstände. Montaigne und La Boétie fordern einer vom anderen unbedingtes Vertrauen und grenzenlose Ergebenheit.

Solcherart sind die Mythen von der leidenschaftlichen Freundschaft: Sie sei ausschließlich, allumfassend und endgültig. *Auf Leben und Tod!* Welcher nostalgische Eiferer hat eine derart strenge Regel erlassen, die die Freundschaft in unerreichbare Ferne rückt? Wie viele Menschen sind wohl bereit, einen solchen Preis zu entrichten? Oder, schlimmer noch, leben in ständiger Furcht, zu verraten oder verraten zu werden, da sie immer irgendwo Berechnung vermuten?

Ist es da noch verwunderlich, wenn Montaigne die Freundschaft für unbegreiflich hält und Bossuet sie gar als »ein Wunder« ansieht?

Jeder unserer Freunde ist ein Teil von uns selbst; wenn sich Verärgerung und Zuneigung bei uns manchmal die Waage halten, heißt das nur, daß wir selber im Innersten gespalten sind.

Der eine Freund ist von Unruhe getrieben, von Ehrgeiz besessen, gierig nach Ruhm: Sehen wir in ihm nicht das, was uns bisweilen selber zusetzt? Der andere Freund legt allem gegenüber eine ironische Distanz an den Tag: Können wir ihm nicht dafür dankbar sein, daß er uns zur Raison bringt?

Viele Freunde, keine Freunde, lautet ein französisches Sprichwort, aber ein paar gute Freunde sind nicht des Guten zuviel: Alle miteinander sind sie uns unersetzlich. Verlangen wir vom Hektiker keine Gelassenheit, vom Depressiven nicht, daß er unsere Abendgesellschaften aufheitert. Der eine gäbe all seine Zeit, aber nicht sein Geld; der andere, verschwenderisch mit Geld und Gut, geizt um jede Minute.

Ein junger Mann beklagte sich einmal über eine Freundin, die sich nur dann bei ihm melde, wenn sie Sorgen habe: »Genügt es dir denn nicht«, war die Antwort seines Vaters, »zu wissen, daß sie dich braucht?«

Sie wollen, daß man Sie liebt? Da gibt es eine Zauberformel: Fangen Sie selbst an zu lieben! Fordern Sie nicht, geben Sie, es wird Ihnen reichlich vergolten werden. Und wenn nicht, so bleibt Ihnen doch die Seligkeit des Gebens. Wie auch immer, es ist ein köstliches Ding zu lieben.

Die Menschen zu lieben, das heißt, sie so zu nehmen, wie sie sind, nicht so, wie wir sie uns ausmalen und einbilden. Wer zu spät kommt, hat Probleme mit seiner eigenen Zeiteinteilung, nicht mit der unseren; wer uns nicht schreibt, hat nichts gegen uns – er ist einfach nur schreibfaul.

Wer meint, die Liebe sei heiter und wolkenlos, macht sich Illusionen über das Wesen der Liebe. So wie jene Frauen, die in der Erwartung des Einen und Einzigen zu einsamen alten Jungfern werden.

Reichtümer

»Ich habe alles, was ich brauche, ich esse, was mir schmeckt, kleide mich, wie es mir gefällt, habe eine schöne Wohnung; und es bleibt mir sogar noch etwas übrig, denken Sie nur! Ich könnte sogar noch Spenden machen! Ich bin wirklich reich!«

So spricht eine Kollegin meines Alters; sie hat recht, eigentlich müßte auch ich reich sein. Aber warum will mir das nicht so recht in den Kopf?

Geld war ursprünglich Ersatz für ein Gut, eine praktische Abstraktion, wie ein Kassenbon oder ein Casinochip. Inzwischen ist das Zeichen zur Sache geworden: In einer unglaublichen Verkehrung der Verhältnisse hat es das Gut, für das es einst stand, entwertet. Immobilien, Schmuck, Kunstobjekte und selbst menschliche Qualitäten sind nur noch Mittel, um dem Götzen zu dienen. Ist eine solche Herabwürdigung nicht typisch für jede Art von Abgötterei?

Wir sind derart am Profit orientiert, daß wir kein Ende mehr absehen können. Der Industrielle, der schon Millionen besitzt, schuftet bis zum Infarkt, um sein Vermögen zu mehren. Was bezweckt er damit? Will er seine Macht vergrößern? Er ist doch schon Herrscher über zahllose Knechte. Oder eine Frau erobern? Mit dem, was er hat, wäre sogar die Königin von Saba zufrieden.

Wir sehen nicht mehr, ob jemand gut oder böse, klug, gebildet, dumm oder unwissend ist; wir achten seinen Reichtum, der doch nichts ist als eine sehr dünne Haut.

Wer dächte wohl daran, das Geld eines menschenfreundlichen Schurken auszuschlagen?

Wir haben keinen Blick mehr dafür, ob etwas schön oder häßlich, moralisch einwandfrei oder verwerflich ist, wir taxieren alles zunächst nach seinem Marktwert. Der Auktionator, der neulich einen Cézanne für 2 Milliarden französische Francs versteigerte, sprach der dabei wohl noch von Kunst?

Es ist höchste Zeit, daß wir hinter dem Geld wieder unsere echten Bedürfnisse sehen, denn das Geld schiebt sich wie ein Schirm zwischen unsere Wünsche und uns. Wir sollten ablassen vom Tanz ums Goldene Kalb und uns wieder den Menschen zuwenden – das Geld schiebt sich auch zwischen unseresgleichen und uns.

Im Fernsehen war neulich eine alte Dame zu sehen, die wunderschöne Puppen fabrizierte. Um sie zu verkaufen? »Nein«, war ihre Antwort, »um mich daran zu erfreuen.« Der Journalist, der ihr die Frage gestellt hatte, schwankte zwischen Überraschung und Ironie. Er verstand die liebenswürdige Phantastin nicht so recht. Dabei war es doch so einfach: Sie bereitete sich Vergnügen, ohne den Umweg über das Geld zu nehmen.

Ohne gleich wieder zum Tauschhandel zurückkehren zu wollen, sollte man das Geld doch dorthin verweisen, wo es hingehört: in die Werkzeugkiste. Erst dann wird die Welt uns vielleicht wieder gehören; und wie meine Kollegin werden wir dann staunend entdecken, wie reich wir tatsächlich sind.

Geliebte Gefährtin

Welch ein Glück, daß es die Frauen gibt! Wie der Gläubige, der den Sonnenaufgang preist, sollten wir jeden Morgen dem Himmel für die Frauen danken. Ich spreche als Mann und hoffe, daß die Frauen sich über uns genauso freuen. Sie geben uns Zärtlichkeit und Sinnenfreude; Zärtlichkeit und Sinnenfreude finden sie in uns. Läßt sich ein besseres Bündnis denken?

Besser noch: Dieses Bündnis ist zu unseren Gunsten. Großzügig ist die Zärtlichkeit der Frauen und tiefer als die unsere, wegen des Kindes, das sie in uns suchen. Sehr viel raffinierter und sinnlicher ist das Vergnügen, das sie uns bereiten. Marguerite Yourcenar, die die Frauen doppelt gut kennt, schwärmt von dem Charme, den ihre Kleider entfalten, ihre Farben ausstrahlen, ihr Parfüm versprüht.

»Von Frauen will ich nichts mehr wissen!« ereifert sich ein Schriftsteller. Er tut mir leid! Welch eine Selbstbeschränkung! Jede Frau ist eine Gabe, eine Verheißung. Frauen sind die Sonne unserer Tage, die Sterne unserer Träume. Die gesamte Weltliteratur, Musik und Malerei sind eine einzige Liebeserklärung. Solange es Frauen gibt, besteht kein Grund zur Verzweiflung.

All das war uns nicht genug. Wir mußten uns die Frauen untertan machen. Die Versuchung war zu groß. Sie waren periodisch geschwächt und hilflos während der Mutterschaft, und wir haben sie benutzt und ausgenutzt, und wir haben ihnen Treue abverlangt, ohne sie der unseren zu versichern. Wir müßten sie für alles, was sie ertragen haben, um Verzeihung bitten.

Es ist noch nicht einmal sicher, ob wir dabei wirklich so gut gefahren sind. Dieser Mensch, der uns näher als sonst jemand steht, kennt uns besser als wir selbst. In dieser langen und leidvollen Geschichte voller Blut und Gewalt, in der wir uns bewähren müssen, ist die Frau unsere Gefährtin und Richterin. Wenn wir sie ins Unglück stürzen, stürzen wir mit ihr.

Das Paar ist ein Wunder der Natur – zerstören wir es nicht durch allzu begehrliche Übergriffe.

Geben wir den Frauen ihre Freiheit zurück. Respektieren wir ihre Marotten, wie wir es nennen, die doch ihrem Lebensrhythmus und ihrem Wesen eigen sind.

»Meine Frau und ich, wir kennen uns in- und auswendig!« behauptet manch einer nicht ohne Überheblichkeit. Ein stolzer Selbstbetrug oder schlichte Prahlerei. Es gibt keine vollständige Transparenz. Wahre Großzügigkeit respektiert die Schattenzonen des anderen.

»Lege deine Hand in ihre Hand, und sie wird es dir hundertfach vergelten!« rät eine mehr als dreitausend Jahre alte ägyptische Weisheit. Ein Tor, der die Frau nicht glücklich macht!

Der Prinz von Sung

»Wir sind doch nicht der Herzog von Sung!« sagte Mao Tse-tung und spielte damit auf eine berühmte Begebenheit der chinesischen Geschichte an.

Um das sechste Jahrhundert v. Chr. belagerte der König von Ch'i die Hauptstadt von Sung und schickte als Gesandten Tzu Fan. Der Prinz von Sung bestimmte für das Treffen einen seiner Minister, Hua Yan. Zwischen den beiden entwickelte sich ein bemerkenswertes Gespräch. Tzu Fan fragte den Minister, wie es um die Belagerten stehe. »Sehr schlecht«, lautete die ehrliche Antwort Hua Yans, »wir sind drauf und dran, unsere Kinder auszutauschen, um sie zu essen.« »Haltet durch«, entgegnete Tzu Fan aufrichtig, »unsere eigenen Vorräte reichen gerade noch sechs Tage.«

Mao Tse-tung belächelte seine Ahnen. Er hatte einen neuen Lehrmeister gewählt: Lenin, der es naiv fand, auf Täuschungsmanöver als Mittel zum Sieg zu verzichten.

In der Schule teilte uns »Die Schlacht von Fontenoy« in zwei Lager. Die Realisten zitierten Hannibal, Machiavelli und Clausewitz und behaupteten, daß der Krieg jede Regel außer Kraft setze. Die Moralisten verurteilten die Skrupellosigkeit der Engländer.

Wir lagen alle falsch. Krieg ist ein mörderisches Spiel, das scheinbar allgemein anerkannten Regeln gehorcht. »Meine Herren Franzosen, schießen Sie zuerst!« hatten die Engländer gerufen. »Meine Herren Engländer, schießen doch Sie zuerst!« hatten die Franzosen erwidert. Die

Engländer schossen. Die gesamte erste französische Reihe fiel. Mit dieser List provozierten die Engländer den Stolz und das Ehrgefühl des Gegners. Die List besteht nun aber gerade darin, daß sie gegen einen Kodex verstößt. Sogar Clausewitz, ein Theoretiker des totalen Krieges, ordnet die List der Politik unter.

Regeln können ihre Gültigkeit verlieren, können überholt oder ungerecht sein, man kann auf sie pfeifen und sie verletzen, sie sind dennoch notwendig und letzten Endes nützlich. Die Gesamtheit der Regeln, die unser gemeinschaftliches Leben leiten, ist die Moral. Ohne Moral kann keine Gesellschaft existieren.

632 v. Chr. besiegte der Heeresführer der Chin-Truppen die Armeen des Staates Ch'u. Statt sie zu töten, bot er ihnen für drei Tage Verpflegung. Als die Ch'u-Armeen ihrerseits siegten, taten sie dasselbe.

Sokrates, zu Unrecht zum Tode verurteilt, lehnte es ab, aus dem Gefängnis zu fliehen. Er wollte nicht die Gesetze der Stadt mißachten, selbst wenn sie sich gegen ihn richteten. So verlor er sein Leben, doch der Nachwelt verblieb er als vollkommener Philosoph.

UNSERE POLIZEI, UNSERE ARMEE

Mark Aurel, Kaiser und Philosoph, verurteilte den Krieg, obgleich er ihn ein Leben lang führte. Muß man an seiner Aufrichtigkeit zweifeln? Nein. Damals wurde das Römische Reich ständig angegriffen. Hätte Mark Aurel nicht Krieg geführt, wäre es zusammengebrochen.

Die Gewalt ist das schlimmste Übel, und wir müssen alles tun, um sie zu vermeiden. Dennoch bestimmen wir den Frieden nicht allein – wenn unsere Gegner ihn nicht wollen, müssen wir uns zur Wehr setzen. Solange es in der Welt bewaffnete Menschen gibt, brauchen wir Soldaten und Polizisten.

So ist es nur gut, eine Reserve an mutigen und ausgebildeten Leuten zu haben. Sie nun aber wegen der Gewaltbefugnis, die wir ihnen übertragen haben, anzuklagen, wäre absurd und ungerecht. Wirft man Diplomaten etwa ihre Gewandtheit vor? Chirurgen ihre Gefühllosigkeit?

Einer meiner Kollegen teilt die Franzosen in zwei Gruppen ein: die Nostalgiker des *Ancien Régime*, die ihren Privilegien nachtrauern, und die Nachfahren des Dritten Standes, die die Erniedrigungen ihrer Vorväter bis zum Überdruß wiederkäuen. Im Mißtrauen gegen die Staatsmacht finden beide zusammen.

Man ist niemals im Unrecht, wenn man seine Rechte einfordert – es ist vielmehr ein Zeichen für politisches Bewußtsein. Nur, im Namen welcher Sache fordert man? Kann man etwas *verlangen*, was einem von Rechts wegen zusteht, und zugleich dessen Grundlage *ablehnen*? Polizei und Armee sind Garanten unseres Gesetzes. Sie sind *unsere* Polizei, *unsere* Armee.

Jedes Volk hat die Regierung, die es verdient, sagt Émile Durkheim. Damit unterschätzt er die List der Regierenden. Doch eine Herrschaft ist nur dann von Dauer, wenn ihr die Regierten – widerspruchslos – zustimmen.

Die Engländer haben sich schon vor dreihundert Jahren die Habeaskorpusakte gegeben. Die Franzosen sind bis heute unschlüssig, was sie von vorläufiger Festnahme und Militäreinsätzen halten. Warum sollte sich dann also der Gesetzgeber damit befassen?

Von unseren »Schutzleuten« erwarten wir Perfektion. Erst wenn wir selbst respektvoller miteinander umgehen, können wir dasselbe auch von ihnen verlangen.

Wohldosierte Wut

Der Polsterer hat mir immer noch nicht meinen Sessel zurückgebracht. Das ärgert mich. Ich rufe ihn wieder an: Er hat mit der Reparatur noch nicht einmal begonnen. Ich werde wütend, gebe ihm das zu verstehen, er schnappt ein: Dann gebe er mir den Sessel eben so zurück, wie er ist. Das habe ich nun davon – bloß weil ich einen Verzug nicht hinnehmen will, kann ich noch einmal von vorn anfangen.

Der Wütende verfängt sich selbst in seiner Wut; er zahlt nur drauf, schneidet sich ins eigene Fleisch. Die Wut ist ein Beben, das zuallererst den Wütenden erschüttert.

Der Philosoph Alain beschreibt sie als kleine Krankheit. Die Buddhisten zählen sie zu den Ursachen des Leidens, die Christen nennen sie als sechste der sieben Todsünden. Ich würde sie allerdings gern weiter vorne plazieren, denn sie verschlimmert, vergrößert und potenziert jede Sünde. Nichts ist es wirklich wert, daß wir derart den Kopf verlieren.

Die Wut ist um so tückischer, als sie ein gefälliges Laster ist. Stendhal zum Beispiel ließ sich derart gehen, daß er einmal sogar seinen Diener zum Fenster hinaus warf, der von dem Sturz bleibende Verletzungen davontrug. Mit größter Gelassenheit schildert der sonst so kluge Schriftsteller den Vorfall.

Manche gehen sogar so weit, die Wut als eine Art Heilmittel zu betrachten, wie einen selbst verabreichten Elektroschock, nach dem man fix und fertig, aber friedlich ist. Man fährt aus der Haut, beleidigt einander, sagt schreckliche Dinge – und später entschuldigt man sich, umarmt sich, bittet um Verzeihung ... bis zum nächsten Anfall.

Aber sind Sie sicher, daß Sie sich selbst verzeihen? Und, vor allem, daß die anderen Ihnen verzeihen? Ich habe einige tiefe Wunden geschlagen, was ich unendlich bereue, aber es läßt sich nicht wiedergutmachen. Stendhal mußte seinem Diener eine lebenslange Rente zahlen.

Wenn sich Moral auf die Achtung vor sich selbst und vor dem anderen gründet, dann ist Wut etwas Greuliches, aus dem Chaos und Leid entstehen.

»Glauben Sie denn, daß ich das absichtlich tue? Aber wenn mich die Wut packt ...!« Ja, genau da liegt das Problem: die Wut ist ein unvorhersehbares und launisches Übel.

Man kann ihr dennoch mit zwei Behandlungsmethoden zu Leibe rücken: Die erste ist die Glas-Wasser-Strategie. Welches Wasser? Irgendeins. Sobald Sie das Ihnen wohlbekannte Rumoren spüren, laufen Sie zum Wasserhahn. So gewinnen Sie Zeit, und oftmals reicht dies schon aus, um dem ersten Ansturm Einhalt zu gebieten.

Wenn dieses erste Mittel seine Wirkung verfehlen sollte, denken Sie an Folgendes: Was tut ein Mechaniker mit einem Dampfkessel, der zu bersten droht? Er öffnet nicht alle Ventile zugleich, sondern eines nach dem anderen. Was tut ein Arzt, wenn er ein Medikament für zu stark hält? Er verdünnt es.

Gönnen Sie sich eine homöopathische Dosis Wut – in geringen Mengen kann Gift heilsam sein. Wenn Sie gar nicht anders können, machen Sie Ihrem Ärger Luft, doch kontrolliert, in Maßen und vor allem: nicht zum Schaden anderer.

Die Zufriedenheit

Rabbi Jochanan, Begründer des Jerusalemer Talmud, fragte eines Tages seine Schüler, was für den Menschen am wertvollsten sei. Der erste antwortete: »Ein wahrer Freund«, der zweite: »Ein guter Nachbar«, der dritte: »Die Zufriedenheit«. »Das ist die richtige Antwort«, sprach der Gelehrte, »denn sie enthält alle anderen.«

Tatsächlich ist die Zufriedenheit der Schlüssel zu allem; wer mit sich selbst in Frieden lebt, lebt mit der ganzen Welt in Frieden. Man irrt sich nur in den Wegen, die dorthin führen.

Wozu wäre aber die Tugend nütze, wenn sie nicht besondere Freude verliehe? Und die Weisheit, wenn sie nicht Gemütsruhe brächte? Sogar das Gebet, so Saint Macaigne, schenkt uns geistige Wollust.

Früher oder später erkennt man: Glück ist das Wichtigste im Leben. Louis Aragons erschütternde Einsicht ist bekannt: Wenn wir zu leben gelernt haben, ist es schon zu spät.

Warum wagen wir es also nicht eher? Uns hindern die beiden mächtigen Gegner des Glücks: Die Unwissenheit und das Schuldgefühl. »Glück – man weiß nicht so recht, was das eigentlich ist …« Doch, man weiß es! Man kann es nicht genau in Worte fassen, aber Zufriedenheit, Ausgeglichenheit, Glückseligkeit – wie auch immer man es nennen oder einschätzen mag – haben wir alle schon erfahren.

»Wie können Sie nur von Glück sprechen, wenn so viele Menschen im Elend vegetieren!« hält mir ein junger

Mann voller Empörung entgegen. Seine Auflehnung sei lobenswert, antworte ich ihm, aber warum sollte die Pflicht zur Solidarität bedeuten, daß auch wir unglücklich sein müssen? Warum sollten wir auf uns selbst verzichten müssen, wenn wir uns anderen zuwenden?

Die Scham, glücklich zu sein, gehört zu unseren kulturellen Verirrungen. Wir sollten uns im Gegenteil schwören, glücklich zu sein, rät Alain. Wem dies gelingt, der macht zugleich anderen das schönste Geschenk – man sollte ihm eine besondere Auszeichnung verleihen.

Macht

Bei der Vorstandswahl eines Kulturvereins wundert mich die Verbissenheit, die dabei herrscht. »Das ist deshalb so«, erklärt man mir, »weil der Vorsitz ehrenamtlich ist. Man muß anderweitig auf seine Kosten kommen.«

Es läßt sich nicht verheimlichen: Man findet Geschmack an der Macht – einen strengen. Sie bietet zugleich Selbstbestätigung und Schutz vor den anderen. Dem Geld ähnlich, weckt sie eine alles beherrschende Gier. »Papa schimpft mit Mama, Mama schimpft mit mir, ich schimpfe mit dem Hund.«

Schon Darwin hat uns dieses Prinzip erläutert. Das Leben wird von zwei Gesetzen bestimmt: Fressen oder gefressen werden – töten, um nicht getötet zu werden. Überlegen sein heißt, heute und in Zukunft das eigene Überleben zu sichern. Bei den Affen halten die Alten die Jungen in Schach und verfügen über alle Weibchen.

Wer Vorsitzender wird, hat, so lächerlich es klingt, dasselbe Motiv, denn im Grunde geht es immer um eins: Neben gewissen Annehmlichkeiten (man weiß sich satt und sicher) ist Macht vor allem faszinierend. Wer aufbegehrt – vor der Autorität löst er sich in ein Nichts auf.

Herrschen heißt beherrschen. Macht verdirbt den Charakter, sagt man und hat dabei weniger bemerkt, daß sie auch die zwischenmenschlichen Beziehungen verdirbt. Unterwerfung schmeckt nach Raub und Tod, und niemand nimmt es einfach hin, auf Gnade oder Ungnade dem Machthaber ausgeliefert zu sein.

Auch in ihrer nützlichen und großzügigen Form wird die Macht stets mißtrauisch beäugt und alsbald bedroht. Der Vermieter ist ein Blutsauger, der Bankier ein Betrüger, der Arzt ein Scharlatan. Und der eigene Sohn, unser Rivale schon, wird zum Feind. Bei den Affen rotten sich die Jungen schließlich zusammen, um den Alten vom Thron zu stürzen.

Man sieht in der Macht nur den Gipfel allen Ruhms, doch zumeist verleitet sie uns zu gefährlichen Gratwanderungen. Welcher Aufruhr, bis eine Herrschaft glückt! Und welch dramatische Niedergänge! Macht ist von Natur aus instabil.

Am klügsten wäre es, von ihr abzulassen, sobald ihre wahre Berechtigung schwindet – wenn sie ihren Dienst erfüllt hat. Oder man bewahrt sich gerade so viel, daß Kontinuität gewährleistet bleibt. Andernfalls muß man sich mit einem Leben in Argwohn und Bitterkeit abfinden.

Die Bibel mahnt, Sklaven nach sieben Jahren die Freiheit zu schenken. Und Seneca brauchte sich in der Stunde seines Todes nicht vorzuwerfen, jemals einen Menschen der Freiheit beraubt zu haben.

Die Klage der Kuh

Eines Tages entdeckte Nietzsche auf einem Platz in Turin ein Pferd von solch elendem Anblick, daß er sich schluchzend an seinen Hals warf. Dieses seltsame Verhalten erklärte man sich mit dem beginnenden Wahnsinn des Philosophen. Doch ist nicht vielmehr unsere Beziehung zu den Tieren eigenartig? Sogar unsere Haustiere sperren wir ein, kastrieren und töten sie ohne erkennbare Gewissensbisse.

Tiere sind ein Grundelement unserer Versorgung, sie liefern uns Nahrung, Kleidung und Schmuck, tragen zu unserer Gesundheit bei und bieten uns Abwechslung. Siebzehn Millionen Franzosen besitzen ein Haustier.

Warum dann diese diskrete Grausamkeit? Wir stehen bei den Tieren so hoch in der Schuld, daß wir nichts davon hören noch darüber reden wollen. Sie geben uns alles, und wir machen sie zunichte. Wie sollten wir uns da das Ausmaß unseres Verbrechens eingestehen, ohne selbst darüber entsetzt zu sein? Man sollte einmal hören, wie eine Kuh dem Kalb nachjammert, das ihr weggenommen wurde, wie schrecklich der Schrei aus dem Schlachthof klingt.

Wir haben alle Arten unterworfen, und nun plagt uns das Leiden des Siegers: Wir sind von der Weltseele abgeschnitten. Die Aussöhnung mit den Tieren wäre der erste Schritt, um uns in ihr wiederzufinden.

Die Tiere verkörpern das Unbekannte in uns selbst – sie verstehen hieße, dem Ursprung des Lebens näherzukommen. Wir müssen die Zuneigung der Besiegten gewinnen, dann wird ihre ungezähmte Lebensfreude, wie sie Kindern oder Hunden eigen ist, auch uns zuteil.

Franz von Assisi wußte darum und lebte danach, und es ist der unerhörte Traum all jener, denen die Sprache der Tiere vertraut ist.

Jahrtausende hindurch hat der Mensch sich seinesgleichen untertan gemacht. »Schließlich muß jemand an den Webstühlen arbeiten«, hieß es. Bis die Webstühle eines Tages von selber liefen. Wir brauchten keine Sklaven mehr.

Eines Tages werden wir auch die Tiere nicht mehr ausbeuten müssen. Wir werden andere Nahrung finden, die uns ebenso gut nährt. Wir werden lernen, auf Horn, Perlmutt und Elfenbein zu verzichten.

Bis diese gesegneten Zeiten anbrechen, in denen wir endlich Mensch sind, sollten wir uns an die Lehre des Ramajana halten: Alles Lebendige verdient unser Mitgefühl.

Das Alter

Der Mensch wird von drei unvermeidlichen Leiden heimgesucht: Krankheit, Alter und Tod. Mit dem Alter gehen die beiden anderen einher, als unaufhaltsamer Abbau der Körperfunktionen.

Es geht nicht darum, die Probleme des Alters zu leugnen, sondern sie mit dem Leben in Einklang zu bringen.

Jemand erzählte mir folgendes: »An der Bushaltestelle sehe ich eine alte Frau, mit gebeugtem Rücken und eingefallenem Gesicht, das Elend in Person. Wir kommen ins Gespräch, und sie vertraut mir ihre Einsamkeit an, spricht von ihren Gebrechen und dem Warten auf den Tod. Der Bus kommt. Plötzlich überfällt mich eine seltsame Unruhe, und ich frage die Frau nach ihrem Alter: Sie ist nur wenige Monate älter als ich. Ich bin wie vor den Kopf geschlagen. Als ich mich wieder beruhige, sage ich mir, daß ich zweimal pro Woche schwimmen gehe, daß ich bis jetzt nur leichte Schäden erlitten habe, und mit der Liebe geht es auch noch ganz leidlich. Und ich habe mich für mich selbst gefreut. Im Grunde gibt es gar kein Alter an sich.«

Nichts ist schöner als der Anblick eines Mädchens oder Jungen von zwanzig Jahren. Aber »wer meint, alle Früchte würden gleichzeitig mit den Erdbeeren reif, versteht nichts von den Trauben«, wußte schon Paracelsus.

»Trotzdem – mit dem Pläneschmieden ist es vorbei!«

Warum wollen Sie unbedingt in der Zukunft leben? Genügt es nicht zu genießen, was der Augenblick uns schenkt?

»Trotzdem – es gibt Dinge, die ich tun konnte und heute nicht mehr tun kann!«

Schon wieder leben Sie in der Erinnerung! Plagen Sie sich nicht so sehr mit Gedanken an das, was Sie einmal gewesen sind. Nutzen Sie die Vorteile, die Sie heute genießen.

Madeleine Renaud hat mit fünfundachtzig Jahren die Bühne wieder betreten, und Politiker verschwinden nicht eher von derselben, als die Wähler sie auspfeifen. So muß man's machen! Anstatt sich mit dem nahenden Tod abzufinden, fordern sie das Leben weiter heraus.

Emigrieren Sie nicht aus dem Leben – es hält Überraschungen für Sie bereit! Es mag widersinnig erscheinen, aber gerade im Alter eilt nichts mehr, denn alles ist vollendet. Es ist die Zeit des inneren Friedens.

Die Erfahrung lehrt uns, unsere Leidenschaften zu ordnen und die der anderen zu verzeihen. Es ist die Zeit der Nachsicht.

»Alt sein ist verboten!« zwinkert uns Nachman von Bratzlaw zu. »Jeder Moment ist ein Neubeginn.«

Die Absolution

»Mir ist eine sehr ungewöhnliche Geschichte passiert«, erzählt ein Schriftstellerkollege: »Ich wurde erleuchtet! Machen Sie sich nicht darüber lustig! Über Pascal und sein berühmtes Gebet oder über Descartes und seinen philosophischen Ansatz lachen Sie doch auch nicht. So bedeutend bin ich nicht, aber Sie werden schon sehen: Ich habe eine Zauberformel gefunden, die mein Leben grundlegend verändern wird.

Im bangen Taumel einer schlaflosen Nacht durchlebte ich noch einmal die schmerzhafte Vergangenheit: Torheiten, Fehler, Demütigungen. In jedem von uns schlummert eine Hyäne, die in unseren schwachen Momenten erwacht.

So war ich insgeheim davon überzeugt, meinen Eltern gegenüber nicht meine Pflicht getan zu haben. Vergeblich versuchte ich mich damit zu verteidigen, daß die Beziehung zu unseren Erzeugern dunkel und verworren ist; meine Verpflichtungen waren durch das Ableben meiner Eltern ohnehin erloschen… Nichts half. Meine eher seltenen Besuche auf dem Friedhof machen mich immer ganz krank: ein eindeutiger Beweis meiner Schuld.

Wie gern wäre ich ein Held gewesen! Nicht vom selben Format wie ein Freund von mir, der mit dem Fallschirm über Deutschland abgesprungen ist, aber ein wenig Schneid hätte ich mir schon gewünscht, um mich nicht von jedem kleinen Strolch verunsichern zu lassen. Oder bei jeder Uniform nervös zu werden.

Als Studenten der Nachkriegszeit wurden wir auf dem Weg zur Universität im Zug von einem Zollbeamten kontrolliert. Auf die Frage: Haben Sie etwas zu verzollen? entgegnete ich vorschnell:

Ich nicht! Unterstellte ich den anderen damit nicht, daß sie etwas zu verbergen hatten? Lange Zeit später befragte ich meine Reisegefährten: Keiner von ihnen erinnerte sich noch an den Vorfall. Trotzdem, hätte ich meine Kameraden nicht um ein Haar verraten?

Kurz vor seinem Tod war ich bei Louis Aragon zu Besuch. Er empfing mich in einer traumhaft schönen Wohnung voller Kunstobjekte und antiker Möbel. Meine Bewunderung muß offensichtlich gewesen sein, denn der Dichter sprach in fast bittendem Ton zu mir:

»Ich bin ein alter Mann. Ich habe keine Kinder. Da habe ich gedacht, ich könnte mir eine angemessene Wohnung leisten.« Aragon, der Kommunist im Schriftstellergewerbe, entschuldigte sich für diesen Luxus wie für einen Betrug. Genauso würde auch ich mein Leben lang einen aussichtslosen Kampf führen.

Und da, als mein Blick in den Abgrund fiel, kam mir plötzlich die Erleuchtung. Und wenn schon! Und wenn dem so wäre. Ich könnte mir weiterhin das Leben schwer machen, darauf verstehe ich mich bestens. Aber könnte ich nicht auch freundschaftlich mit mir umgehen?

Françoise Dolto hat sich gewünscht, daß auf ihrem Grabstein stehen sollte: Fürchtet Euch nicht. Meine Zauberformel wird den Deckel eines Buches zieren, das meine Lebensgeschichte erzählt. Es wird heißen: *Vergeben Sie sich!*

Die Schuld

Ein Vater, der seine Tochter nie von der Liebe, die er für sie hegte, hatte überzeugen können, fand eines Tages endlich die Gelegenheit. Die junge Frau war Mutter geworden, und von da an stand das Kind für sie im Mittelpunkt der Welt.

»Siehst du jetzt«, bemerkte ihr Vater, »wie sehr ich dich liebe!«

Die Liebe der Eltern ist in der Regel selbstverständlich und grenzenlos. Die Kinder sind ihr ein und alles. Daß Kinder heutzutage verpönt sind, liegt mit an dieser Opferbereitschaft. Finanzen, Wohnsituation, Freundeskreis und Freizeit: Alles richtet sich dann nach dem Kind.

Rätselhaft an einer solchen Zuneigung sind die Hintergründe. Weshalb opfern wir so bereitwillig unsere Zeit und unser Geld und damit auch unser Leben? Weshalb setzen wir Kinder in die Welt?

Alles Mögliche wurde gesagt: Wir pflanzen uns zur Arterhaltung fort, aus moralischem oder religiösem Pflichtgefühl, aus Berechnung, als Bestätigung, aus purer Lust und schon auch mal aus Leichtsinn.

Bei einer so vielschichtigen Frage spielt all dies hinein, der entscheidende Punkt aber ist der Ausgangspunkt – das Kind selbst. Wir setzen Kinder in die Welt, weil wir sie brauchen, weil sie uns brauchen.

Wir geben den Kindern alles: Leben, Unterhalt, Obhut und Zärtlichkeit, und daran wird sich nie etwas ändern. Und indem wir ihnen alles geben, werden wir auch zur

Quelle alles dessen. »Danke, daß du mich zum Vater gemacht hast!« hat ein Freund von mir einmal zu seinem Sohn gesagt.

Dieser Zusammenhang, der uns in aufsteigender Linie zu Vätern, in absteigender Linie zu Söhnen werden läßt, besteht unweigerlich. Von eben jener Frau geboren worden zu sein und eben jene Tochter zu zeugen ist eine unabänderliche Tatsache. Ein jüdischer Denker namens Moses Maimonides hat seinem Sohn, um ihm die innere Logik dieser Kette zu verdeutlichen, einmal folgendes geschrieben: »Du bist nicht nur mein Sohn, du bist der Sohn des Sohnes meines Vaters.«

Wer seine Schulden begleicht, findet seinen Seelenfrieden wieder. Wir setzen Kinder in die Welt, weil wir bei unseren Eltern in der Schuld stehen. Sie kann aber nicht abgegolten werden, wir können sie nur weitergeben.

Sinn und Preis einmal dahingestellt, vermag es diese Liebe immer wieder, uns mit ihrer Fülle und ihrem Übermaß in Erstaunen zu versetzen. Sie stand am Anfang und bleibt die Grundlage jeder neuen Liebe.

Das Schaf

In seinen letzten Lebensjahren beteiligte sich Freud nicht mehr an der Diskussion, er trug seinen Text vor und verstummte. Den Grund kann man sich denken. Wie oft sind wir heimgekommen und haben uns über uns selbst geärgert: »Es ist mir einfach so herausgerutscht. Ich habe schneller geredet als gedacht.«

In der Gruppe gelingt es unserem Verstand oft nicht, unsere Zunge im Zaum zu halten. Selbst durch die Runde der Weisen geht zuweilen ein unbedachtes Raunen. Und Heinrich Heine gibt auf seine ironische Art zu, mit dem Fuß den Takt mitzuwippen, sobald er eine Militärkapelle hört.

Wir werden ein Teil der Herde und lassen uns unwillkürlich mitreißen. Anstatt auf unsere innere Stimme zu hören, jauchzen und jammern wir mit ihr: Wenn wir uns nicht in acht nehmen, glauben wir zu denken und denken doch nur wie sie oder gegen sie an.

Sich unters Volk zu mischen ist durchaus ein Gewinn. Nichts, so sagt man, könnte trauriger sein, als im stillen Kämmerchen schlechten Wein zu trinken. Feiern bedeutet, in eine Rolle zu schlüpfen; die Gesellschaft heitert uns auf und lenkt uns von uns selbst ab. Ein Psychiater wird bestätigen, daß Tanzen einem Nervenzusammenbruch vorbeugen kann: Die Gesichter auf einem Rockkonzert geben ihm recht.

Durch die Masse werden wir ermutigt, unsere Stimmungen auszuleben; der Rückhalt der Menge scheint unsere Meinung zu legitimieren. Selbst in der Wüste sind wir nicht allein; denn der Gedanke an die anderen gibt uns Halt.

Wir verdanken uns der Gruppe, sie hat uns genährt, und sie lebt durch uns. Doch muß man ihr deshalb zu gefallen suchen? Wie es die Geschickten tun: Der eine, sonst ein feiner Herr, greift für sie zum Akkordeon, der andere, meist eher ernst, schmettert ihr ein Liebeslied. Beide lassen sich auf ihr Niveau herab.

Es kann noch schlimmer kommen. Die Herde verrennt sich leicht. Muß man ihr unbedingt in ihre Traumwelten und Alpträume folgen? Begierig und ungestüm wie sie ist, kennt sie keine anderen Gesetze als Eigennutz und Leidenschaft: Ihnen zu gehorchen heißt, den niedrigsten und grausamsten Instinkten nachzugeben.

Oft schadet sie dabei nicht nur den anderen, sondern auch sich selbst. Die Deutschen, die Hitler gefolgt sind, haben ihre Jugend geopfert und auf Generationen hinaus ihre Ehre beschmutzt. Das napoleonische Frankreich wiederum hat sich nie so recht von den Eskapaden seines Herrschers erholt.

»Der Herdentrieb steckt in jedem Schaf«, schrieb Alain. Wenn Sie nicht das Gemüt eines Schafes haben, halten Sie sich von der Herde fern. Wollen Sie hin und wieder einmal in der Menge baden, tun Sie das ruhig: Aber duschen Sie danach!

Ohne Fleiss kein Preis

»Setzen Sie sich jeden Tag um dieselbe Zeit an den Schreibtisch«, so der Rat, den Camus mir gab, der ihn wiederum von Breton erhalten hatte. Damit wollte er, so schien mir, folgendes sagen: Arbeit ist zugleich Ritual, Disziplin und Verheißung reicher Frucht.

Wer erst ans Vergnügen und dann an die Arbeit denkt, der macht sich etwas vor. Der Mensch ist nicht fähig, lange zu rasten, wie man an den Urlaubern oder Rentnern sieht.

Irgendwann werden wir uns weniger anstrengen müssen, um das Überleben zu sichern, und das stellt uns dann vor ganz neue Probleme. Bis dahin bleibt die Arbeit Dreh- und Angelpunkt unseres Lebens. Als Schlüssel zur Gemeinschaft, Weg aus der Angst und Quelle der Zufriedenheit ist die Arbeit, wie Johannes Paul II. bemerkt, »für das Menschsein wesentlich«.

Was haben wir falsch gemacht, daß sie für uns zum Fluch geworden ist?

»Das ist doch kein Leben!« klagt eine Telefonistin. »Um halb sieben habe ich Feierabend, dann mache ich mich auf die Socken und hole meine Tochter ab. Unterwegs kaufe ich schnell noch was zu essen; ich würde ja viel lieber etwas Schönes kochen, aber ich bin einfach zu müde dafür...«

»So geht es uns doch allen!« versuche ich sie zu trösten.

Ihre Antwort beschämt mich: »Nein, bei Ihnen ist das anders, Sie tun das, was Sie interessiert.«

Eine fragwürdige Philosophie, und die Habgier einiger

weniger haben den meisten das Arbeiten vermiest. Überforderung und Monotonie haben zur Abneigung gegen die eigene Tätigkeit und, schlimmer noch, gegen die eigene Person geführt: »Was bin ich denn schon als einfacher Arbeiter…«

Geht man mit Widerwillen zur Arbeit, wird das Leben zur Hölle. Es ist ein Unglück, daß wir heute bei der Arbeit nicht mehr singen können wie einst der Schuhflicker von La Fontaine.

Nicht, daß man seine Arbeit leidenschaftlich gern tun müßte; nichts sollte uns derart vereinnahmen. Doch sollte man das Vergnügliche und Spielerische daran wiederentdecken und vielleicht auch die Möglichkeit der Selbstentfaltung.

»Ich habe mich wieder an die Arbeit gemacht«, begeisterte sich Gauguin, »und das Glück kehrte in mein Haus zurück.« Nicht jeder kann es Gauguin gleichtun oder eine Klinik leiten, doch sollte es jedem möglich sein, Befriedigung in einer Aufgabe zu finden, die ihm zusagt, liegt und auch glückt.

Die Lehrer

Ein junger Mann aus China, der weise werden wollte, sprach bei einem namhaften Lehrer vor: Wie es früher üblich war, gewährte man ihm im Hause des Philosophen Unterkunft.

Zehn Jahre verstrichen. Da der Lehrer nicht ein einziges Mal das Wort an ihn gerichtet hatte, tat sein Schützling ihm schließlich seine Enttäuschung kund.

»Deine Ungeduld«, entgegnete ihm der weise Mann, »beweist, daß du noch lange nicht weise bist.«

Zehn Jahre später suchte der Schüler seinen Lehrer noch einmal auf. Er bedankte sich überschwenglich: Er habe endlich verstanden, was Weisheit sei, und komme fortan ohne ihn zurecht.

Also sagt der ideale Lehrer besser gar nichts? Der fähige Lehrer lehrt, statt daß er belehrt. Er muß uns zur Freiheit befähigen, auch wenn es ihm nicht gefällt. Ist das nicht auch das Ziel des Psychoanalytikers?

Doch gibt es diesen idealen Lehrer überhaupt? Pädagogik ist stets bestrebt zu bekehren, im Wortsinne: zu (sich hin zu) führen. Sokrates, streng darauf bedacht, den anderen zu respektieren, sucht seinen Gesprächspartner dazu zu bringen, aus sich selbst heraus seine Wahrheit zu finden.

Der Lehrer prägt uns nachhaltig. Der eine erinnert sich noch an jedes Wort seines Grundschullehrers; der andere denkt mit Wehmut an die Philosophiestunden zurück.

Das dürfte den Lehrkräften Trost und Beruhigung in Momenten der Anfechtung sein.

Sollte man die Lehrer abschaffen? Das wäre falscher Stolz und Selbstbetrug. Der Lehrer ist eine Stütze, ein Vorbild und ein Gefäß; er bewahrt uns vor Fehlern, schont unsere Kräfte und führt die Tradition fort. Denn von nichts kommt bekanntlich nichts. »Was hätte er wohl an meiner Stelle getan?« Diese Überlegung vermag oft schon einen Weg aufzuzeigen.

Doch weil die Weisheit eine Übung ist, kann keiner sie uns abnehmen. Descartes sagt uns heutzutage nichts Neues mehr, aber er zwingt uns, selber zu denken, und das allein ist bemerkenswert.

Das ist die wichtigste Lektion, die der Lehrer uns beibringen sollte: Wir müssen unser eigener Lehrer werden. Das wäre der beste Dank und der Beweis für seinen Erfolg: Denn die Kompetenz des Schülers zeugt von der Kompetenz des Lehrers.

Seelengifte

Ein Paar sieht am Strand ein prachtvolles Segelschiff den Horizont entlangziehen. »Wie schön!« ruft die junge Frau erfreut aus, und gleich darauf: »Die nagen wohl auch nicht gerade am Hungertuch ...«

Die erste Bemerkung ist ein Ausdruck der Freude über die Schönheit. Die zweite Bemerkung verrät hinter der Ironie Bitterkeit und Schmerz, Auflehnung gegen die Gewißheit, daß der Wohlstand in der Welt nicht allen gleichermaßen zuteil wird.

Neid ist ein Verlangen nach Besitz, das sich, wie man sagt, nicht erfüllen kann, weil andere die Besitztümer für sich beanspruchen. Man beneidet zwar nicht einen König, denn der ist allzu fern, aber man ist neidisch auf das, von dem man meint, es stünde einem rechtmäßig zu.

Othello ist kommandierender General der venezianischen Armee und außerdem glückseliger Ehemann von Desdemona, der schönsten Frau Venedigs. Als er sie des Ehebruchs verdächtigt, erwürgt er sie.

Othello ist ein ruhmreicher Feldherr, aber ein Fremder, ein Mohr, umgeben von ebenso vielen Feinden wie Verehrern. Desdemona, goldene Tochter eines einflußreichen Venezianers, ist das Symbol seines Erfolgs, das Herzstück des Aufsteigers Othello.

Eifersucht ist die Angst vor dem Verlust dessen, was wir rechtmäßig zu besitzen meinen. Othello glaubt, alles verlieren zu müssen, wenn er seine Frau an einen anderen verlöre. Damit besiegelt er seinen Untergang: Er tötet seine Frau und übergibt sich dem Henker.

Es dürfte kaum möglich sein, sich solch tief verwurzelter und allzu menschlicher Neigungen zu entledigen. Ein Kind, das ein Geschwisterchen bekommt, ist natürlicherweise eifersüchtig auf den Eindringling, der ihm die Liebe der Mutter streitig macht. Es beneidet schon das erstgeborene Geschwister um dessen besonderen Platz im Herzen der Eltern.

Doch man sollte sich vor Augen führen, daß der Neid ebenso nutzlos wie grenzenlos ist, und die Eifersucht oftmals ungewiß, wenn nicht gar gegenstandslos: Desdemona trifft nicht die geringste Schuld. Neidgefühl und Eifersucht sind ebenso überflüssig wie Reue oder Melancholie.

Real hingegen ist der Schmerz, der durch solche Seelengifte verursacht wird. Mit ihrem Neid hat sich die junge Frau am Strand mit Sicherheit, und völlig umsonst, die Freude verdorben.

Der Moloch

Krieg ist Un-Sinn und Abscheulichkeit. Die größte Geißel der Menschheit ist Zeichen des Scheiterns von Ethik und Intelligenz.

Selbst Weise und Propheten waren nicht immer Pazifisten. Den Frieden predigten sie alle, und doch mußten die meisten dem Krieg zustimmen. Sokrates war ein tapferer Soldat, Moses Feldherr und erst später Gesetzgeber, Jesus, der die Liebe verkündete, lehrte auch Gewalt, und Mohammed führte lange Zeit Krieg.

Die Philosophie ist so zerbrechlich, weil das Leben jeden Rahmen sprengt. Der Philosoph, der das Leben aus zu großer Distanz betrachtet, betrügt sich und andere. Mark Aurel, der gebildete Stoiker, war ein kriegerischer Kaiser: mußten doch die ins Reich eingefallenen Barbaren zurückgedrängt werden.

Krieg ist nicht die Fortsetzung von Politik, sondern ihr Abbruch. Der Sieger geht daraus so angeschlagen hervor wie der Besiegte – kann man die Toten, das Leid und die jeweils erlittene Zerstörung gegeneinander aufwiegen?

Manche Kriege sind unvermeidbar. Wenn Macht sich in Tyrannei verwandelt, ist es sinnlos, sein Leben in die Hände des Tyrannen zu legen, er wird es zerstören. Wenn der Gesellschaftsvertrag allzu ungerecht ist, wird er früher oder später aufgekündigt – darüber werden dereinst die Geknechteten und Unterdrückten befinden.

Es gibt weder einen gerechten noch einen heiligen Krieg. Krieg bedeutet Verzicht auf Gerechtigkeit zwecks Vernichtung des anderen. Der vielzitierte »Wille Gottes« ist nichts anderes als eine Bankrotterklärung für die vom Menschen geschaffene Ordnung.

Einen gerechten Krieg gibt es nicht, wohl aber einen ungerechten Frieden. Der Dialog muß so lange wie nur möglich aufrecht erhalten werden – aber wo Leben bedroht ist, werden Worte zur Farce.

Politik versagt aufgrund ihrer Kurzsichtigkeit. Ist der Moloch des Kriegs erst vor der Tür, ist es bereits zu spät. Hitler wollte mit allen Mitteln den Krieg – der einzige Weg war, ihn zu bekämpfen. Wer den Krieg verhindern will, muß den Frieden organisieren.

Ein bunter Strauss

Montaigne entschuldigte sich für seine Undiszipliniertheit beim Lesen. Langweilt ihn ein Buch, legt er es weg, ermüdet ihn ein Autor, so liest er einen anderen. Ist sein Interesse geweckt, verweilt er, liest noch einmal von vorn; andernfalls überfliegt er die Seiten, überblättert Längen und unklare Stellen. Von jedem Buch behält er nur, was ihm gefällt. Ich bin, zugegeben, ebenso unstet und wählerisch beim Lesen.

Man kann sich einen einzigen Lehrmeister suchen und sich vollkommen nach ihm richten – wie die Buddhisten, deren höchstes Streben es ist, sich selbst in Buddha zu verwandeln. Ist dies die beste Art, auf einen Lehrmeister zu hören und ihm Ehrerbietung zu erweisen? Hinter übertriebenem Gehorsam verbirgt sich oft übertriebene Strenge, Überheblichkeit, wenn nicht gar Angst.

Der Weise behauptet nicht, weise zu sein – er strebt danach. Denn aus Bescheidenheit mißtraut er Doktrinen mit Ausschließlichkeitsanspruch. Aus Respekt gegenüber anderen Lehrmeistern folgt er nicht nur einem einzigen.

»Wer die Gültigkeit einzelner Lehrsätze in Frage stellt, bedroht das Gebäude als Ganzes, vielleicht sogar den Zusammenhalt der Gemeinschaft, ihr Überleben …«, werfen manche warnend ein.

Das Alles-oder-Nichts-Prinzip bedeutet immer Erpressung und führt zur Verarmung. Muß man eine Kultur in ihrer Gesamtheit akzeptieren, weil man eine ihrer Sitten schätzt? Oder auf eine ganze Kultur verzichten, weil man einen ihrer Aspekte ablehnt?

Das Althergebrachte ist bequem, weil gewohnt, und es paßt zu uns wie wir zu ihm. Wozu sollte ich Psalmen auf Japanisch singen, wenn es genauso gut auf Lateinisch oder Deutsch geht? Aber soll man mich davon abhalten, alternative Heilmethoden auszuprobieren, nur weil sie von anderen Kulturen entwickelt wurden?

Ein jeder besäße wohl gern ein Buch, das auf alle Fragen eine Antwort hat. Doch da es einen solchen Schatz nicht gibt, kann die Weisheit nur ein bunter Strauß sein, der mit Geduld aus verschiedenen Blumen gebunden ist. Die Biene gewinnt ihren Honig aus dem Nektar der Rose oder einem Kuchenkrümel. Erst wenn es uns gelingt, über den Tellerrand unserer Traditionen und Eigenarten hinauszublicken, kann ein jeder seinen Teil zum gemeinsamen Festmahl beitragen.

Dann wird man auch begreifen, daß die wichtigsten Erkenntnisse bereits Gemeingut sind. Schon 1300 Jahre vor Jesus Christus verkündete Echnaton eine Botschaft der Liebe. Und halten wir die Zehn Gebote nur deshalb ein, weil sie von Moses kommen, oder aber, weil sie von allen eingehalten werden?

Die beste Seite

»Ich wohne jetzt schon 20 Jahre in diesem Haus und kenne meine Türnachbarn bis heute nicht!« Das sagt einer zugleich mit Hochmut und Verdruß. Er erklärt seine Unabhängigkeit und bekennt seine Einsamkeit.

Der Mensch, insbesondere der Zeitgenosse, gibt sich gern als Sieger – und ist es auch. Das listigste aller Lebewesen hat die meisten Arten domestiziert oder massakriert, einschließlich seiner eigenen. Er hat die Wissenschaft begründet, er verherrlicht die Technik, er erkundet die Welt des Imaginären. Noch hat er sich nicht den ganzen Globus untertan gemacht, da beginnt er schon mit der Eroberung des Kosmos.

Und dennoch verloren Könige aus Liebe zu einer Frau ihr Königreich. Die Verzweiflung trieb Ophelia in Wahnsinn und Tod; die Verbannung inspirierte Ovid zu den ergreifendsten Liedern der lateinischen Dichtung. Woher rührt diese Verletzlichkeit?

Der Mensch ist unweigerlich auf andere Menschen angewiesen. Das ist nicht nur beim Frühgeborenen so, sondern bei uns allen. Das Menschenjunge ist ohne die Hilfe eines Erwachsenen nicht lebensfähig; über lange Zeit muß es gefüttert, gebadet, beschützt, erzogen werden.

Diese Abhängigkeit von anderen wird es ein Leben lang begleiten, denn andere werden es formen: nach den Eltern die Spielgefährten, Schule, Ehepartner, Institutionen.

Wir werden selbständig, aber nie ganz und gar. So wie

Autos ohne Sprit nicht fahren, brauchen auch wir einen bestimmten Treibstoff: die Liebe, die uns entgegengebracht wird und die wir anderen entgegenbringen. Wenn sie uns fehlt, sind wir lahmgelegt.

Ein lebensnotwendiges Tauschgeschäft also, aufgrund einer angeborenen Schwäche? Nicht nur, denn erst dieser unaufhebbare Mangel hat uns zu Menschen gemacht. Diesem Ungenügen ist unsere Kultur entsprungen.

Was sonst ist Moral, wenn nicht die Gesamtheit der Regeln des Zusammenlebens? Was sind Recht, Kunst, Religion, Philosophie anderes als der Versuch, das Dasein der Menschen zu gestalten und zu erleichtern, zu verschönern, zu begreifen?

Leugnen, daß der Mensch ein Raubtier ist, hieße blinden Optimismus verbreiten; nicht sehen, daß der Mensch den Menschen braucht, hieße verzichten auf seine beste Seite – auf des Menschen wahre Würde.

Aus dem Weg gehen

Eine wichtige Persönlichkeit, die mit Jean de La Fontaine Streit gehabt hatte, begegnete diesem einmal zufällig, baute sich provozierend vor ihm auf und verkündete:

»Monsieur, einem Dummkopf gehe ich niemals aus dem Weg!«

»Und ich, Monseigneur«, darauf der Fabeldichter, »gehe jedem Dummkopf aus dem Weg!« Sprach's und kehrte ihm den Rücken.

Der Dichter hatte die Lacher auf seiner Seite, aber man hielt ihn auch für feige. Riet er denn nicht, je nach Lage der Dinge, bald den aufständischen Frondisten nach dem Mund zu reden, bald den nicht minder gefährlichen Königstreuen?

Montaigne dachte und handelte nicht anders. Dabei war er ein unerschrockener Haudegen, unempfindlich gegenüber dem Schmerz und unbeeindruckt vom Gedanken an den Tod. Auch Edelmann La Fontaine war, nebenbei bemerkt, nicht übermäßig angepaßt und fiel zuletzt sogar in Ungnade bei Hof.

Es geht um weit mehr als um reine Vorsicht: um Lebenskunst und Philosophie. Beide Männer hatten ein Gefühl für Verhältnismäßigkeit: Nur wenige Dinge sind es wert, daß man ihretwegen sein Leben läßt.

Der Mathematiker Evariste Galois fand mit 23 Jahren bei einem Duell den Tod. Dabei ging es, so hieß es, um eine Frage der Ehre: Wer aber erinnert sich noch an die Hintergründe des Streits, der Frankreich und die Welt um ein wahrscheinlich großes Genie gebracht hat?

»Beim Autofahren lasse ich mich nie überholen, da geht's mir ums Prinzip!« Geht es wirklich ums Prinzip? Oder um das in uns verborgene Tier, das fürchtet, verschlungen zu werden, sobald es nur einmal zurückweicht?

Ein deutsches Sprichwort lautet: Der Klügere gibt nach. Das ist nicht nur so dahingesagt. Zwar muß man wissen, wann es gilt, sich zu verteidigen, doch muß man auch lernen, sich achselzuckend abzuwenden: in der Tat oft der Beweis größerer Klugheit.

Kleine Freiheiten

H. G. Wells zielte gern von seinem Balkon aus mit Kirschkernen auf vorbeifahrende Autos. Traf er, brach er in Lachen aus. Und Freud fehlte so gut wie nie beim wöchentlichen Kartenspiel mit seinen Freunden.

Kommt man auf den Spieltrieb so berühmter Leute zu sprechen, erntet man bestenfalls ein nachsichtiges Lächeln: Schickt sich das denn für jemanden, von dem man nichts als Ernsthaftigkeit erwartet?

»Brot und Spiele!« war Neros Devise. Mit ihr wird die Verachtung der Politiker für das einfache Volk offenkundig. Ebenso könnte man die Tour de France als raffinierte Methode bezeichnen, Frankreich für einen Monat im Jahr in eine Art Dämmerzustand zu versetzen.

Der Spieler ruft Befremden oder Verunsicherung hervor. In Dostojewskijs Roman raubt seine eigenartige Leidenschaft ihm Vernunft und Seele, wenn nicht sogar sein Leben. Von Betrügern verleitet, ruiniert er sich und die Seinen, bereit zum Verrat an seiner heiligsten Pflicht. Da wird der Teufel an die Wand gemalt.

Die kategorische Verurteilung des Spiels beruht vielmehr auf der augenfälligen Trivialität der Spielobjekte. Wie kann man sich um einen Ball streiten! Oder Krieg spielen! Wäre es etwa besser, ihn tatsächlich zu führen? Man vergißt oft, daß Philosophie, Wissenschaft und Kunst nicht zweckgebunden sind. So sagt man ja auch »ein Instrument spielen«.

Pascal wendet sich gegen jedwedes Vergnügen, denn es

lenke uns vom Sinn unseres Daseins ab. Müssen und können wir ständig an unsere Bestimmung denken? Warum auf diese harmlosen Eskapaden verzichten, die nicht mehr sein wollen, als sie sind?

Das Spiel ist ein Psychodrama, bei dem unsere rastlose Spezies ihre Unruhe abstreifen kann. Man sieht es deutlich an unseren Kleinen, die spielend ihre zukünftigen Rollen einüben. Wer spielt, entrinnt vorübergehend den geltenden Regeln. Spielen befreit.

Im Land der Quäker machte die Prohibition des Spiels, wie schon das Alkoholverbot, so manchen Gauner reich. Heutzutage setzen sich die Spieler in die Eisenbahn, um die Gesetze ihres Staats zu umgehen.

Muß man noch eigens betonen, wie wichtig es ist, einfach nur »Spaß zu haben«? Das Leben ist schon tragisch genug, warum verzichten auf das, was es heiterer macht?

Das Fest

Es gibt bei den Gläubigen einiges zu entdecken. Der Mensch ist das Ebenbild Gottes: Wer würde diesen biblischen Grundsatz – zumindest dem Anspruch nach – bestreiten? Oder die feierliche Überhöhung unserer einfachsten Handlungen, wie beispielsweise essen: Gibt es eine bessere Gelegenheit, sich selbst Aufmerksamkeit zu schenken?

Wenige Philosophen haben sich gebührend mit dem Essen befaßt; das weckt Zweifel an ihrem gesunden Menschenverstand. Wie kann man das vernachlässigen, was uns am Leben hält und was wir mit allem Lebendigen gemeinsam haben?

Lediglich Nietzsche hat meines Wissens mit Nachdruck auf die Bedeutung der Nahrung hingewiesen. Der sonst strenge Kant bat täglich zum Mittagstisch. Er lokkerte damit seinen Tagesablauf auf und genoß die Dankbarkeit seiner Gäste.

Weder Quantität noch Qualität sind das Entscheidende an einem Mahl, sondern das Interesse, das wir ihm entgegenbringen. Man kann hundert Kilometer fahren, um in einem berühmten Lokal zu tafeln, oder sich an Brot und Käse ergötzen. Beim Essen jedoch zu lesen oder mit einem Tablett vor dem Fernseher zu hocken, das ist ein Unding. Man weiß nicht mehr, ob man ißt; man schlingt hinein – zuviel und ohne zu schmecken.

»Ich esse gewöhnlich sehr schnell und halb im Stehen.«

Warum nicht Platz nehmen, voller Erwartung auf das,

was folgt? Sie wissen nicht, was Sie sich vorenthalten! Nur durch langsames Kauen kann sich eine wohltuende Vertrautheit mit der Speise einstellen.

Und stopfen Sie nicht einfach x-beliebiges in x-beliebigen Mengen in sich hinein. Sie sind schließlich kein Mülleimer. Essen Sie nicht aus Pflichtgefühl oder aus Gewohnheit. Montaigne spottete über jene, die noch am Ende der Welt auf ihr Nationalgericht pochen.

So wie wir essen, so gehen wir mit uns selbst um. Darf man bei Tisch dann gar nichts anderes tun? Doch, denn es gibt Genüsse, die sich ergänzen, und andere, die sich ausschließen. Das gilt für die Musik und das Tischgespräch. Doch hüten wir uns vor der Schlacht am Büffet und vor jenen Orten, an denen uns ein vermeintlich unterhaltsamer Plattenspieler zum Schreien zwingt.

An Ernährungsproblemen sind wir selber schuld, nicht die Nahrung. Niemand zwingt uns, eine zweite Tasse Kaffee zu trinken, wenn sie uns Sodbrennen und Völlegefühl verursacht. Magersucht und Bulimie verderben den Geschmack des Lebens.

Jede Mahlzeit ist ein Fest, bei dem wir zugleich Gast und Gastgeber sind. Jeden Morgen neu sollten wir uns freuen, daß es ein Mittagessen gibt; und jeden Mittag, daß das Abendessen wartet.

Brief an den Sohn

Ein junger Mann warf seinem Vater vor, daß er viel zu selten da gewesen sei.

»Aber ich war doch immer hier!« protestierte der Vater, »Ich habe zuhause gearbeitet ...!«

»Ja«, entgegnete der Sohn, »aber du hast mich nicht beachtet.«

Bei diesem fortwährenden Streit ist – auch wenn es nicht so scheinen mag – der Sohn im Recht. Er spricht aus, worunter er gelitten hat und noch immer leidet: Er hat von seinem Vater nicht so viel gehabt, wie er gebraucht hätte.

Dennoch ist dem Vater nicht unbedingt ein Vorwurf zu machen. Wieviel Zuwendung auch immer Eltern ihren Kindern geben, die Erwartungen der Kinder werden immer enttäuscht. Sie werden immer über das hinausgehen, was ein Mensch, auch wenn er es noch so gut meint, zu bieten vermag.

Kafka hat einen *Brief an den Vater* verfaßt; schriebe ich einen *Brief an den Sohn*, hieße es darin: »Ja, Eure Väter haben Euch nicht all die Liebe, Unterstützung und Aufmerksamkeit geschenkt, die Ihr Euch gewünscht hättet. Im Gegenteil, sie haben Euch Zwänge auferlegt, sie waren für Euch das Gesetz mit seinen Paragraphen; sie waren unbeholfen, ungerecht, manchmal brutal.

Aber das ist noch nicht alles: Sie haben Euch davon überzeugt, daß sie recht hatten; das ging soweit, daß Ihr ihre Unzulänglichkeiten und ihre Illusionen übernommen habt; und sogar ihre Marotten, den Tonfall der Stimme, der selbst Freunde am Telefon zögern läßt, und diese Mimik, die Ihr beim Blick in den Spiegel belustigt oder gereizt wiedererkennt.

Gewiß haben Eure Väter Euch Unrecht getan; das würden sie auch kaum abstreiten. Aber das Bündel an Schwächen und Fehlern, das sie Euch vermacht haben, haben sie schon von ihren Vätern übernommen. Eure Väter sind auf immer Eure Verbündeten, doch sie können auch nur tun, was in ihren Kräften steht.

Eltern sind ihren Kindern alles schuldig, Kinder ihren Eltern nichts; das ist das Gesetz der Natur. Ein Spruch aus dem Talmud sagt, ein Vater könne zehn Kinder ernähren, zehn Kinder aber keinen Vater. Eines Tages jedoch müssen die Kinder ihr Teil beisteuern, auch das will das Gesetz.

»Väter sind gestürzte Regenten; wahrt die Erinnerung an ihren vergangenen Ruhm. Aber stellt sie nicht so hoch, daß Ihr ihnen nicht verzeihen könnt; denn nur dann werdet Ihr, soweit irgend möglich, erwachsen.«

Das Drama des Schweigens

Buddha, einst von einem Schüler zu einem Problem der Metaphysik befragt, blieb stumm. Alle wunderten sich. Dabei war es offensichtlich: Die Frage würde zu keiner Antwort führen, wozu also Worte verlieren?

Oft bereut man, gesprochen zu haben, geschwiegen zu haben fast nie. Schweigen bewahrt uns vor den Kapriolen der Eigenliebe, erspart uns mancherlei Torheiten. Selbstbeherrschung beginnt mit der Beherrschung der Zunge. Die Griechen, die sich mit allen Aspekten der Sittlichkeit befaßten, kannten auch einen Gott der Stille. »Die Stille ist dein Meister«, heißt es bei Solon dem Weisen.

Ungehemmter Redeschwall am Telefon, One-man-Shows in gemütlicher Runde, bei denen alle Anwesenden zu bloßen Statisten degradiert werden, bestärken uns nur in dieser Überzeugung. Wie oft sind wir nicht schon von einer Abendgesellschaft nach Hause gekommen, bei der, wie in so manchen Büchern, nichts Bedenkenswertes gesagt worden war. Wir hätten taub sein können und hätten doch nichts verpaßt.

Als junger Mann hatte ich mit dem Gedanken gespielt, ein Schweigegelübde abzulegen, so wie andere Keuschheit geloben. Wieder und wieder ermahnte ich mich: »Lerne zu schweigen!« Doch ich hatte, wie ich bald feststellen mußte, die Natur des Schweigens verkannt.

Die Schweigsamen genießen einen Vertrauensbonus. Wenn aber André Gide seine Ehe als »Drama des Schweigens« bezeichnet, so spielt er darauf an, was hätte gesagt werden müssen. Pädagogische Irrtümer rühren oft daher, daß man zu wenig miteinander spricht. Das Drama des Schweigens ist auch ein Drama des Sprechens.

Die Kunst der Konversation, des Sich-Austauschens, besteht darin, zur rechten Zeit zu reden und zu schweigen. Freundschaft ist, so sagt man, gemeinsam schweigen zu können. Alte Eheleute, die gleichzeitig alte Freunde sind, brauchen keine Worte, um einander zu verstehen. Therapeuten schweigen, um richtig zuzuhören, Eingeweihte, ob Mönche oder Freimaurer, müssen schweigen, um das Sprechen zu lernen.

Abend für Abend dringt das Zwitschern der Schwalben, die sich in der Dämmerung auf den Telegraphendrähten reihen, durch meinen Garten. Ich kenne ihre Sprache nicht, aber ich nehme an, daß sie sich nicht nur freuen, zusammen zu sein, sondern sich Mut machen vor der Stille der heraufziehenden Nacht.

In einer der wunderbaren Legenden der Chassidim wird folgendes berichtet: Um eine anhaltende Dürre auszutreiben, hatte die ganze Gemeinschaft unermüdlich, doch vergebens gebetet. Ein armer Schafhirte, der zu allem Unglück auch noch stumm war, wußte nicht, wie er sich an der gemeinsamen Anstrengung beteiligen konnte. Da spannte er alle Muskeln seiner Kehle an und stieß einen fürchterlichen Schrei aus: Sofort öffnete der Himmel seine Schleusen.

Der Sinn dieser Erzählung ist mir nicht bekannt. Man erlaube mir, sie so zu deuten: Nicht ob man redet oder schweigt, ist von Belang. Was zählt ist, die geeignete Sprache zu finden.

Tanzende Vormittage

Im jüdischen Glauben gibt es eine ganz besondere Zeremonie: Die Schriftrollen, die so furchteinflößend sind, daß der Volksglaube demjenigen, der sie fallen läßt, den baldigen Tod prophezeit, wollen einmal im Jahr tanzen gelassen werden, am Fest der Thora.

Der berühmte Nachman von Bratzlaw sagte, daß genauso wie die Thora die ganze Welt tanzt. König David beschränkte sich nicht auf Lautenspiel und Lobgesang, um Gott zu gefallen, er tanzte sogar vor der Bundeslade.

Es gibt kaum eine Kultur, die nicht ihre eigenen sakralen oder profanen, symbolischen oder wilden Tänze hätte. Auch wenn die meisten Religionen dem Körper gegenüber mißtrauisch sind, spielt der Tanz in ihnen doch eine Rolle. Die Derwische geraten beim Tanzen in Ekstase, und während Buddha sich mit einem Lächeln begnügt, hat Krishna tanzende Beine.

Wer kennt diese Vormittage nicht, an denen man – einfach so – am liebsten tanzen möchte? An denen man sich eins fühlt mit allen Lebewesen, und unterwegs am liebsten jeden grüßen würde? Gerade so, als ob in diesen Glücksmomenten der Körper den Geist mit sich risse.

Weisheit setzt voraus, daß der Körper mitspielt. Nietzsche war der Meinung, daß ein Philosoph auch tanzen können müsse. Tanz ist die Sprache des körperlichen Wohlbefindens. Wir schenken unserem Körper (zu)viel Beachtung, wenn er leidet, warum nicht auch, wenn es ihm gutgeht?

Wir können unseren Kindern nicht alles beibringen; aber könnte man sie statt langweiliger Sportübungen nicht lieber das Tanzen lehren? Ein Psychiater sagte einmal, daß ein mit Tanzen verbrachter Abend leicht mehrere Sitzungen mit Entspannungsübungen ersetzen kann.

Sie würden ja gern, aber Sie sind schon alt, und Ihr Körper macht einfach nicht mehr mit? Was wollen Sie damit sagen? Daß Sie sich lächerlich machen würden? Niemand zwingt Sie, sich öffentlich zur Schau zu stellen. Sie sollen nur für sich allein tanzen.

Oder befürchten Sie, daß Ihr Körper Ihnen nicht gehorcht? Niemand verlangt von Ihnen akrobatische Verrenkungen. Tanz ist das Gegenteil von hektischer Zappelei. Die berühmten südalgerischen Tänzerinnen vom Stamm der Ouled Nail bewegten unmerklich immer nur Bauch und Kopf. Valéry sprach gar von der Ruhe in der Bewegung.

Es gibt keinen Körper, der so träge wäre, daß er nicht einen ihm genehmen Rhythmus finden könnte. Zum muslimischen Ritus gehören fünf Gebete pro Tag mit Rumpfbeugen in kniender Körperhaltung. Wer dazu nicht in der Lage ist, braucht die heiligen Gesten nur anzudeuten oder im Geiste mitzuvollziehen. Wenn Sie sich überhaupt nicht rühren können, so tanzen Sie wenigstens in Gedanken.

Weh und Leid

Nach einer Panne kontaktierte der Besitzer eines Rolls Royce den Hersteller der Nobelmarke. Zu seiner Überraschung wurde bereits am folgenden Tag sein Wagen gegen einen neuen ausgetauscht. Als er nun den Geschäftsführer anrief, um sich für diese Freigebigkeit zu bedanken, habe dieser nur geantwortet: »Ich weiß nicht, wovon Sie sprechen. Ein Rolls hat niemals eine Panne.«

Krankheiten sind Pannen des Körpers. Wir sind keine Luxuskarossen, warum sollten wir also fehlerfrei funktionieren? Eine Krankheit ist eine Störung, die einen möglichen Zusammenbruch ahnen läßt. Das Leiden, das damit einhergeht, schafft keinerlei Abhilfe. Diese Fessel, die über den Körper frei verfügt und die auch den Geist erfaßt, ängstigt uns und versetzt uns in Aufruhr.

Wie das Altern und der Tod zeugt auch die Krankheit von den unlöschbaren Passiva unseres Seins. Allerdings muß man sie richtig bewerten, um ihren Stellenwert in unserem Leben zu bestimmen.

Ein Krebsforscher wurde gefragt, wie er es anstelle, wenn er seine Patienten beruhigen wolle: »Nicht ich kann sie am besten besänftigen«, sagte er bescheiden, »sondern die Geheilten. Sie sind normalerweise heiter, beredt und wahre Philosophen.«

Jene, die einst schwerkrank waren, räumen ein, erkannt zu haben, wie relativ jeder Besitz und jedes Ereignis ist. Sie wissen nun, was wesentlich ist. Sie anerkennen ihre

Grenzen und freuen sich über das, was das Dasein ihnen bieten kann.

»Ich kann nicht mehr hinter dem Zug herrennen oder rasch eine Treppe hochsteigen!« Wie viele Menschen haben das niemals gekonnt? Können Sie die höchsten Gipfel erklimmen und im tiefsten Wasser schwimmen? Und bevor Sie behaupten, Ihre Sehkraft lasse nach, sollten Sie erst mal schauen, ob Ihre Brille sauber ist.

Ein an und für sich vernünftiger Freund hatte einen Herzinfarkt. Plötzlich sprach er nur noch von seinem baldigen Ableben und verhielt sich dementsprechend. Einem anderen, der wesentlich labiler war, widerfuhr dasselbe Schicksal, doch er begegnete ihm ohne jede Furcht und lebte weiter wie zuvor. Zu einer Krankheit müssen sich nicht auch noch andere Sorgen gesellen.

Es ist keinesfalls abwegig, auf seinen Körper achtzugeben. Ein Auto läßt man warten, warum hält man nicht auch seine Muskeln und Arterien in Schuß? Die Ärzte beklagen sich, daß einige Patienten viel zu oft kommen und andere erst viel zu spät. Es heißt immer, man solle nicht wehleidig sein. Doch auf so manches Weh und Leid sollte man rechtzeitig achten.

Liebhaber als Schmerzmittel

»Such dir einfach einen Liebhaber!«

Ich wundere mich, wie schnell und problemlos so ein Rat erteilt wird: Mach einfach Schluß. Kleb ihm einfach eine. Mach einfach dies und das...

Noch im 16. Jahrhundert hielten sich die Mächtigen Vorkoster, die für sie Speisen und Getränke probierten. Wer Ratschläge erteilt, läßt andere das probieren, was er selbst gern täte, sich jedoch nicht traut.

Man sollte ihm einmal seine eigenen Rezepte empfehlen – ob er sie auch auf sich selbst anwenden würde? Hat er dieses »Macheinfach« schon ausprobiert? So einfach mit seiner Freundin Schluß gemacht? Seinem Chef eine geklebt? Da ist sich jeder selbst der beste Ratgeber!

Sollte man sich also besser zurückhalten? Nein, ein Ratschlag ist eine Hilfestellung, die oft erwünscht, wenn nicht sogar ausdrücklich erbeten ist. Wie könnte man umhin, junge Eltern darauf hinzuweisen, daß sich ihr Säugling in der Sonne nicht eine gesunde Bräune, sondern eine gefährliche Dehydrierung holt? Manchmal darf man nicht schweigen; was nützen Schamgefühl und vornehme Zurückhaltung?

Aber sind Sie sicher, nicht zu schaden? Schmerzmittel bringen Linderung, doch können sie zu Geschwüren führen. Liebhaber als Schmerzmittel sind mitunter angebracht, doch für so manches Paar sind sie Gift. Man sucht sich nicht einfach einen Liebhaber wie man Schokolade nascht.

Sind Sie sicher, daß Sie uneigennützig handeln? Entrüsten Sie sich nicht gleich; der Nutzen muß nicht materieller Art sein. Haben Sie noch nie, unter dem Vorwand zu helfen, einen Freund auf dem Altar Ihres Glaubens, Ihrer Weltanschauung geopfert? Waren Sie nicht eher auf die Befriedigung eines zweifelhaften Sendungsbewußtseins aus?

Ein brauchbarer Rat muß, genau wie ein Geschenk, auf den Empfänger zugeschnitten sein, nicht auf den Geber. Dies erfordert, daß man sich selbst zurücknimmt, sich ganz dem anderen zuwendet: sich in ihn hineinversetzt. Wer jedoch kann seine Wünsche schon hundertprozentig im Zaume halten? Seine Vorurteile und Abneigungen, seine Gelüste und Träume?

Ein erfahrener Psychologe faßte seine Laufbahn einst so zusammen: »Im Grunde besteht unser Beruf darin, ein offenes Ohr zu haben; ein zuverlässiger Freund könnte uns durchaus ersetzen.« Das ist zuviel der Bescheidenheit; es bedarf genauso der Klugheit, Nachsicht, Ausdauer, Geduld.

Unersetzlich ist das Zweiergespann einer Freundschaft, der beste Freund ist jedoch für die schwierige Aufgabe des Ratgebers nicht unbedingt geeignet. Wenn Sie den Spürsinn und die Beharrlichkeit eines Neufundländers nicht besitzen, dann lassen Sie sich doch von einem Fachmann vertreten. Und da Experten auch nur Menschen sind, sollten auch sie paarweise arbeiten.

Vom Träumen

Als Theodor Herzl, der große Visionär des jüdischen Staates, sich an den osmanischen Sultan wandte, der Palästina zu seinen Besitzungen zählte, wurde er abgewiesen. Großbritannien, das zu jener Zeit seine Kolonien in Uganda besiedeln wollte, machte ihm ein entsprechendes Angebot. Herzl, der Realpolitiker, nahm an.

Aber als er diese Ersatzlösung seinen Gefährten vortrug, rauften viele sich die Barthaare und waren am Boden zerstört. Wie konnte er das alte Versprechen brechen? »Vergesse ich dich, Jerusalem, so verdorre meine Rechte.«

Bestürzt kam Herzl auf den ursprünglichen Plan zurück. Damit zeichnete er das dramatische Schicksal des zukünftigen Staates vor: vier Kriege, chronischer Terrorismus, die tiefsitzende Feindschaft der gesamten arabischen Welt, der ständige Kampf ums Überleben.

Ein Volk braucht, wie auch der einzelne, seine Träume, die das Leben ergänzen und für die Unzulänglichkeiten der Realität entschädigen; diese verklärenden und doch tröstlichen Gebilde sind ein Teil von uns. Mythen sind Hilfen zum Leben, doch werden sie für uns allzu leicht zu einem Trugbild der Wirklichkeit.

Jene jüdischen Kämpfer, die ihre Gemeinschaft wiederherzustellen suchten, waren nicht fähig, auf die Nähe der judäischen Wüste oder auf die Klagemauer zu verzichten, dabei ist diese doch zwischen zwei Moscheen und zwischen den Ruinen der Türken und der Kreuzfahrer eingepfercht. Ging es ihnen eher darum, eine Heimat für ihr

Volk zu finden oder den Tempel Salomos neu aufzubauen? Mußte man wirklich, nur um diese symbolträchtigen Orte zurückzuerlangen, das ganze Vorhaben aufs Spiel setzen?

Und haben die Araber, die ja mit grundlegenden demographischen Problemen und kulturellen Umwälzungen zu kämpfen haben, nichts Besseres zu tun, als im Namen ihrer glorreichen Vergangenheit um diesen winzigen Teil ihrer einst riesigen, im 8. Jahrhundert eroberten Besitzungen zu kämpfen? Ist der Mythos von der Größe des arabischen Volkes es wert, daß sie ihm ihre Kraft, ihr Geld und ihren Fortschritt opfern?

Wir werden diese Schleier, die um unser Leben wallen, niemals völlig niederreißen. Valéry erzählt von seinen allmorgendlichen Schwierigkeiten, dem Dunst der Nacht zu entsteigen. Der Mensch träumt ebenso hartnäckig, wie er arbeitet. Wir müssen jedoch lernen, uns in unseren nebligen Gefilden zurechtzufinden. Große Erfinder sind in erster Linie jene, die Mythen zerstören; man hilft seinem Volk auch, indem man seine Dämonen vertreibt.

Die nordamerikanischen Indianer wollen noch immer sterben, um ihre heilige Erde zurückzuerlangen, die ihre Vorfahren einst von den Göttern empfingen. Und was tun etliche weit weniger archaische Völker direkt vor unseren Augen? Können wir uns mit Gewißheit auf die göttliche Mission berufen, die uns solche Opfer abverlangt?

C. G. Jung berichtet ein wenig herablassend von den Puebloindianern, die glaubten, die Sonne beherrschen zu können. Glücklicherweise wußten sie auch zu säen und zu pflügen, sonst wären sie recht schnell ausgestorben.

Im Unglück schwelgen

Als Goha, der Held der Literatur des östlichen Mittelmeerraumes, sich einst die Fußsohlen verbrannte, wies er seine Mutter an: »Laß keinen herein, außer er hat sich ebenso die Füße verbrannt.«

Zu leiden erniedrigt uns, denn es würdigt uns herab und macht uns abhängig. Es isoliert uns gerade dann, wenn wir ein Gespräch am nötigsten hätten. Niemand wird gerne daran erinnert, daß auch er der Krankheit und dem Tod nicht entrinnen kann. Wie alles Unbekannte ruft es Abneigung und Angst hervor.

Da diese Schmach unvereinbar mit der göttlichen Barmherzigkeit ist, wird sie von der Bibel dem Menschen zugeschrieben – als Bestrafung für den Sündenfall. Seit der Antike haben Philosophen immer wieder die Frage dessen, was sie das Böse nennen, erörtert.

Heute sind wir gegen Schmerz besser gewappnet, er hat für uns an Faszination eingebüßt. Der Schmerz ist kein Geheimnis oder Schicksalsschlag mehr, deshalb erscheint er uns weniger furchtbar. Die Experten für schmerzfreie Entbindung haben es begriffen, und ihre Kunst sollte daher besser Entbindung unter Einbeziehung und Beherrschung des Schmerzphänomens heißen.

Es ist noch nicht so lange her, daß Ärzte Ausschabungen ohne Narkose vornahmen. Frauen, die gesündigt hatten, sollten auf diese Weise bestraft werden. Doch Schmerz ist nicht mehr das richtige Mittel, um Fehler zu sühnen; er entfacht unsren Widerstandswillen.

Manche, so sagt man, die gern im Unglück schwelgen, genießen den Schmerz; wir kennen ja diese Menschen, die ihre eigenen Folterknechte sind. Vielleicht ist es so. Masochisten erfahren ja selbst im Leiden Befriedigung, und damit kommen wir zum Thema Vergnügen, welches, da alle danach streben, ein allgemeines Prinzip ist.

Da man nur vergebens fordern kann, daß unser Leben frei sein soll von Leiden, ist es besser, sich darauf vorzubereiten. Jede Erziehung sollte uns auch den richtigen Umgang mit Schmerz lehren. Pascal sprach vom Nutzen der Krankheit. Der Schmerz kann helfen, uns selbst und andere besser zu verstehen.

Weisheit setzt Körperbeherrschung voraus. Der alternde Sokrates begnügte sich mit einem schäbigen Leinenmantel, Diogenes umschlang im tiefsten Winter Marmorstatuen. Der Schmerz vermittelt zudem Mitgefühl. Bei dem Gedanken, daß sein Gegenüber eines Tages sterben müßte, sagte der Schriftsteller Albert Cohen, der sich selbst intensiv mit dem Tode beschäftigte, daß er einem jeden Menschen zu vergeben bereit sei.

Zwecklos, noch mehr zu wollen. Der Schmerz hat lediglich eine Aufgabe: Er zeigt uns eine Fehlfunktion in der Maschine an; sobald wir das Signal vernommen haben, sollten wir die Glocke abstellen.

Weihnacht im Klee

Neulich unterhielt ich mich mit einem Freund und frohlockte über den nicht enden wollenden Herbst mit seiner milden Luft und seinem flammenden Laub.

»Die reinste Katastrophe«, entgegnete er düster.

»Aber wieso denn?«

Er suchte nach Gründen, gerade wie es ihm paßte, und fand sie schließlich auch: Das Wasser werde knapp, die Felder hätten zu leiden, die Preise müßten steigen, die Inflation... Nichts sei umsonst, und teuer werde sie uns zu stehen kommen, diese der Jahreszeit so gar nicht angemessene Witterung.

Er bezog sich wohl auf die alte Bauernregel: Weihnacht im Klee, Ostern im Schnee. Demnach halten Freud und Leid sich stets die Waage, und alles hat seinen Preis. Genauso argwöhnte neulich eine Verwandte von mir, daß ihr bei all dem Glück, das sie derzeit habe, sicher bald ein großes Unglück widerfahre.

Wir sehen die Welt entsprechend unseren Bedürfnissen und Wünschen. Das Dach der Welt ist der Himalaja, das Reich der Mitte China und unser Heimatland das schönste von allen. Ein jeder ist gern Mutters Liebling, und alle Völker sind auserwählt.

Ein kleiner Junge, der am äußersten Zipfel der Bretagne, wo das Land endet, seine Ferien verbrachte, entdeckte das Durcheinander der vom Meer zerklüfteten Felsen und rief:

»Mama, wer hat diese Unordnung gemacht?«

Die Erregung des Kindes spiegelt unsere Angst vor dem Chaos, unsere Sehnsucht nach einer natürlichen Ordnung, unser Hoffen auf eine höhere Macht, die uns beschützt – daher die Götter. Außerdem zeugt sie vom Stolz unserer Art.

Eine bescheidenere Philosophie könnte uns jedoch zu mehr Klarblick verhelfen. In einer amüsanten Szene des *König Lear* macht sich Shakespeare über die Astrologen lustig, deren vermeintliche Wissenschaft nur zur Rechtfertigung unserer Schwächen gereiche. Wir sind nicht der Mittelpunkt der Welt, die Welt hat keinen Mittelpunkt, und Gott ist uns nicht stets zu Diensten.

Hierin liegt keinerlei Sentimentalität. Die Natur ist uns weder Mutter noch Feind. Freuen wir uns über das, was uns Gutes widerfährt; wir werden genug Zeit haben, mit dem Unglück zu ringen, wenn uns eines zustößt.

Falls Sie jedoch wider besseres Wissen zu jenen Leuten gehören, die in allem ein Zeichen sehen und sagen: »Ich bin zwar nicht abergläubisch, aber unter einer Leiter laufe ich prinzipiell nicht durch«, dann nehmen Sie sich zumindest nicht zu ernst dabei.

Denken Sie nur an die Haruspizes. Diese römischen Auguren konnten sich, wie Cicero berichtet, ein Lächeln nicht verkneifen. Der Sitte nach beobachteten sie zunächst die Vögel. Waren die Vorzeichen günstig, rieten sie zur Tat. Andernfalls ersäuften sie das arme Federvieh im Tiber und gaben dennoch ihren Segen.

Der Mensch, die Gruppe

In einer berühmten Schrift erklärt Montesquieu, daß, stünde er vor der Wahl zwischen seiner Familie und sich selbst, die Wahl auf seine Familie fiele; zwischen seiner Familie und seiner Heimat fiele die Wahl auf die Heimat; zwischen seiner Heimat und Europa würde er sich für Europa entscheiden. Müßte er jedoch wählen zwischen Europa und der Menschheit, gäbe er der Menschheit den Vorzug.

Dieses Treuebekenntnis sollte in Stein gemeißelt werden, widerspräche es nicht der Wirklichkeit des Lebens. Ist es überhaupt so eindeutig? Die meisten würden die Reihenfolge umkehren oder blieben zumindest unentschieden. Wie viele von uns würden Europa schon auf Kosten der ihnen Nahestehenden verteidigen?

Um welche Familie geht es hier? So mancher kämpft wie ein Löwe für die eigenen Kinder, doch schon das Los ihrer Vettern läßt ihn gleichgültig. Wo liegen die Grenzen der Heimat? Die einen setzen Heimat mit einem Land gleich, andere mit einer Gegend oder einem Dorf und wieder andere mit einer Sprache oder einer Religion. Die Menschheit erscheint uns als eine konturlose Masse. Würden wir mit genausoviel Einsatz für das Überleben eines fernen Volkes wie für das eines unvorsichtigen Bergsteigers kämpfen?

Als ich mir im Fach Soziologie als junger Prüfling meine Sporen verdienen wollte, erarbeitete ich einen Test, der sich auf zwei Fragen beschränkte:

a. Woran denken Sie, wenn Sie *wir* sagen?

b. Falls Sie mehrere Antworten haben, ordnen Sie diese in absteigender Reihenfolge nach ihrer Wichtigkeit.

Wenn ich mich recht entsinne, waren die Ergebnisse ziemlich eindeutig. Es wurden Mehrfachzugehörigkeiten genannt. Viele fühlten sich zugleich als Regionalisten und Franzosen, als Franzosen und Europäer, aber das Zugehörigkeitsgefühl nahm ab mit zunehmender Gruppengröße und zunehmendem Abstraktheitsgrad.

Das erschien mir zugegebenermaßen ganz natürlich. Es ist doch ganz normal, sich zuerst einmal für jene einzusetzen, die einem nahestehen. Und wohl fühlt man sich, wo einem die Dinge vertraut sind, nämlich bei denen, die dasselbe essen und dieselbe Sprache sprechen. Das ist nicht nur eine Vermutung – von jemandem mit gleichen Interessen hat man weniger zu befürchten.

Doch was für einen Preis zahlen wir für diese Abgrenzung! Die Welt des Gruppengefühls ist eine Welt des Fanatismus. Solidarität führt schnell zur Ausgrenzung: Wir jubeln nicht mehr den Besten zu, sondern den Besten von uns. Moral ist das Streben nach universeller Gerechtigkeit; das Festhalten an Gruppen ist ihr hartnäckigster Feind.

Das Gefühl begünstigt weder die Vernunft noch das Gewissen. Urteilsvermögen setzt relative Gelassenheit voraus. In einem immerwährenden Kampf begriffen, sind Gruppen mehr auf ihr Überleben als auf Wahrheit und Gerechtigkeit bedacht. Sie sehen überall Verräter; der Wahn des Fremdenhasses gedeiht in der Nestwärme der Clique.

Montesquieu, der Rechtsgelehrte, wußte das: Im täglichen Leben treffen wir oft auf verängstigte, gewaltbereite Menschen, die sich wie Wölfe und Schafe zu Rudeln und

Herden gruppieren. Doch war er auch Philosoph und formulierte den Wunsch, daß über die Gruppen von Menschen hinaus unser Blick auf das Menschliche gerichtet bleibe.

Ein Gefühl für Körper und Raum

Tränenüberströmt kam eines Tages eine Studentin zu einem unserer Kollegen. Sie habe bei der Prüfung versagt, überhaupt versage sie immer und überall, im Leben wie im Studium, sie fühle sich häßlich, kein Kerl habe sie jemals eines Blickes gewürdigt.

Es stimmte: Sie war dicklich, nicht besonders gepflegt, schlecht gekleidet. Was sollte der Kollege zu ihr sagen? Aufgebracht über seine Unfähigkeit, ihre Tränenflut zu stoppen, fuhr er sie an: »Hören Sie auf! Wenn Sie heulen, machen Sie sich nur noch häßlicher.«

Das Schluchzen wurde lauter, und der Dozent ärgerte sich über sich und seine Ungeduld und sagte, Schönheitsinstitute gebe es schließlich nicht ohne Grund.

Dann kamen die Ferien. Wie war der Dozent überrascht, als er zu Beginn des folgenden Semesters die leidgeprüfte Studentin wiedersah: Sie war schlank, frisiert, hatte gelernt, sich zu schminken. Im Hörsaal scherzte sie mit lauter Stimme; die Jungen scharten sich um sie, schienen an ihren Lippen zu hängen. Zudem hatte sie schöne Augen.

Unser Kollege hat uns bislang nicht verraten, ob sie zum Semesterende dann auch ihre Prüfungen bestand.

»Du bist unmöglich angezogen«, sagt eine Mutter zu ihrer Tochter. »Du bewegst dich wie ein Ackergaul. Hast du dich noch nie im Spiegel betrachtet?«

Betrachtet schon, aber gesehen habe ich mich nicht. Wir sind auf die Wahrnehmungen und Korrekturen anderer angewiesen.

Meine Wohnung liegt ganz in der Nähe des Centre Pompidou. Ich bin begeistert, mit welcher Unbefangenheit sich die Leute dort kleiden; keine Spur mehr von der graubraunen Langeweile, zu der wir vor '68 gezwungen waren. Dennoch zeugt ihr Äußeres nur allzuoft von schlechtem Geschmack und Gedankenlosigkeit: Kleider, die unpassend kombiniert, Farben, die sich beißen, Haartrachten zum Kopfschütteln, das Ganze ohne Schick.

Ob alt oder jung: die Leute wissen im allgemeinen nicht, was ihnen steht. Dabei haben wir die Möglichkeit, uns eine aufrechte Haltung anzugewöhnen, mit geradem Rücken und erhobenem Haupt zu laufen, und im Gegensatz zu den Tieren können wir unsere Nacktheit durch eine zweite Haut korrigieren. Wir können hängenden Schultern mehr Spannung verleihen und die Breite des Gesäßes vorteilhaft verbergen, bis die Diät endlich greift.

»Ich gebe«, erzählt mir ein anderer Kollege, »meinen Studenten, wenn sie einen Vortrag zu halten haben, immer den Rat, ruhig und bequem zu sitzen, die Füße fest auf dem Boden und die Hände auf dem Tisch, ihre Stimme und Artikulation den Örtlichkeiten anzupassen. Ich nenne das: ein Gefühl für den Körper und den Raum entwickeln. Anfangs lächeln sie darüber, im nachhinein geben sie mir recht.«

Der Kif

Die Franzosen schlucken mehr Beruhigungsmittel als die Amerikaner? Ich staune nicht schlecht, worauf mir ein befreundeter Arzt erklärt: »Sie sind eben weniger masochistisch. Beruhigungsmittel sind die Schmerzstiller der Seele, warum sollten sie sich das versagen?«

Die Franzosen haben sich das niemals versagt. Der Wein, dem sie so gerne frönen, gewährt schon seit Urzeiten Linderung. Doch nicht nur der Wein birgt diese Möglichkeit, und nicht nur den Franzosen ist sie vergönnt. Würde man auf einer Weltkarte alle Regionen einfärben, in denen verschiedene Substanzen beruhigen, berauschen und beglükken, so bliebe kaum ein weißer Fleck.

Aufgeschreckt von der unaufhaltsamen Ausbreitung des Phänomens, bemühen Regierungen sich um eine Eindämmung. Natürlich ist es ein Skandal, wenn man, etwa durch Werbung, den Konsum zusätzlich anheizt. Natürlich gilt es – im Bereich der harten Drogen – jenen Leuten das Handwerk zu legen, die aus der Zerstörung ihrer Mitmenschen Profit schlagen. Aber müßte man nicht gleichzeitig die Frage stellen, *warum* so mancher trinkt, raucht, Drogen nimmt?

Nabokov, der Schöpfer der *Lolita*, erzählte mit Genuß, daß er sich dann und wann des Abends eine Pille genehmige. Und in meiner Heimat ist der Kif Mittel zur Entspannung wie zur Linderung der Sorgen, die uns täglich quälen.

Das Leben ist nicht immer leicht. Der Mensch wird immer wieder von den Widrigkeiten des Daseins gebeutelt werden und Angst haben vor der Natur, vor anderen, vor sich selbst.

Ist es da verwunderlich, daß wir gierig Ausschau halten nach etwas, das uns Halt geben kann? Baudelaire empfiehlt, sich zu berauschen »an Wein, Poesie oder Tugend«; heute wäre noch das Fernsehen hinzuzufügen.

Zuweilen grenzt jedoch das Paradies an die Hölle, aus Medizin wird Gift. Die Droge, so eine chinesische Weisheit, bringt um einen Schritt voran und wirft um zehn zurück.

Besser wäre es, die notwendige Kraft aus sich selbst zu schöpfen – oder nach unschädlicheren Helfern zu greifen. Kunst und Musik schenken uns überschwengliche Freude, schwelgerische Melancholie. Die Großen der Menschheit, sie haben uns den Weg gewiesen!

Was jedoch tun, wenn man einmal trotzdem nicht mehr weiterweiß? Es ist keine Schande, Hilfe in Anspruch zu nehmen: zunächst die der Menschen, sie ist die wertvollste; falls nötig, wohldosiert auch die der Chemie. Hier soll ein jeder selbst abwägen: die Vorteile, der zu zahlende Preis. Ein gutes Glas Wein kann manchmal Wunder wirken, zumal für den, der's zu genießen weiß.

Ein Steinchen im Schuh

Als sich einst ein Dichter über eine quälende innere Beklemmung beklagte, entgegnete ihm ein Bewunderer, daß er sich doch glücklich schätzen solle, denn schließlich verdanke er ihr seine Begabung. Wie jede romantische Weltsicht hat eine solche Betrachtungsweise seelischen Leidens vor allem ein Ziel: durch Verklärung Trost zu spenden – die innere Unruhe als Zeichen des Auserwähltseins.

Die Wahrheit ist dagegen eher ernüchternd. Das Leiden mag zwar einem Werk Farbe verleihen, doch seine treibende Kraft bezieht es aus anderer Quelle. Manchen mögen die düsteren Töne besser gefallen, doch wer könnte behaupten, daß die Lebensfreude der frühen Werke Mozarts sich nicht mit der Verzweiflung der späten messen könne?

Für den Künstler geht diese Rechnung meistens ohnehin nicht auf; soll man ihm da Leid und Elend gar als Voraussetzung für sein Schaffen wünschen? Und was würde der oben zitierte Bewunderer entgegnen, wenn es um seine eigenen Kinder ginge?

Ein Labor werde uns bald schon das Allheilmittel gegen Lebensangst liefern. Freud habe sich geirrt: Ängste seien kein seelisches Leiden. Sie seien erblich bedingt. Das wären wunderbare Neuigkeiten. Natürlich könnte die Chemie uns nicht den Kummer einer gescheiterten Liebe oder die Angst vor der endgültigen Trennung, dem Tode, nehmen. Aber sie würde beides erträglicher machen, genauso wie sie körperlichen Schmerz lindert.

Bis zu diesen frohen Tagen werden jedoch Unruhe, Beklemmung und Ängste weiterhin verstören und Wunden schlagen. Man hat Menschen auf allerlei Weise einzuteilen versucht. Ich könnte mir ganz gut zwei Gruppen vorstellen: die Ängstlichen und die anderen. Wer mit einem Lied auf den Lippen erwacht, weiß nichts von seinem Glück.

Der Ängstliche ist in ständiger Pein. Er will dem Unglück vorgreifen und erschöpft sich in einem endlosen Kampf gegen einen heimtückischen, verborgenen Feind. Bardamu, Célines Held aus *Reise ans Ende der Nacht*, fragt sich jeden Morgen aufs neue, worauf er seine Ängste konzentrieren soll – ein Kunstgriff, der oft schon weiterhilft.

Besser ist es jedoch, den Feind zu orten, um ihm unerbittlich zu Leibe zu rücken. Oft ist man überrascht, wie nichtig ein Problem ist. Manchmal lahmen wir wegen eines Steinchens im Schuh. Wer war nicht schon über das plötzliche Gefühl der Befreiung erstaunt, sobald er sich an den Grund seiner Sorgen erinnerte?

So findet man zumindest keinen Gefallen an ihnen. Junge Leute versuchen oft, durch aufgesetzte Schwermut Eindruck zu schinden – wer ständig die Stirn runzelt, kann Falten davontragen. Eines dürfte klar sein: Nichts ist so wichtig, wie es anfänglich scheinen mag. Nichts, so das Sprichwort aus Lothringen, wird so heiß gegessen, wie es gekocht wird.

Inhalt

ALBERT MEMMI wurde 1920 in Tunis geboren, einer Metropole am Mittelmeer, in der seit alters her Kulturen und Mentalitäten einander begegnen und miteinander verschmelzen. Im Denken und Schreiben des heute in Paris lebenden Intellektuellen, ehemals Professor in Paris und Washington, verbindet sich die jüdisch-orientalische Tradition mit dem aufgeklärten Denken des Okzidents. Als Soziologe schrieb Albert Memmi Standardwerke zu Kolonialismus, Rassismus und gesellschaftlichen Randgruppen: *Der Kolonisator und der Kolonisierte* (EVA), *Rassismus* (EVA), *Portrait d'un Juif*. Als Schriftsteller schildert in drei autobiographischen Romanen (*Die Salzsäule*, EVA; *Agar*; *Der Pharao*) eindringlich das Unbehagen des Weltbürgers an jeder Art von kultureller Einseitigkeit. In seinem Roman *Die Fremde* erzählt Memmi die Geschichte einer interkulturellen »Mischehe«. Seine jüngsten Arbeiten, *Anleitungen zum Glücklichsein* und das Anti-Zeitgeist-Lexikon *A contrecourant* zeigen ihn von einer neuen Seite – als abgeklärt-heiteren, kritisch-ketzerischen Raisonneur. Die in diesem Band versammelten 52 Texte zum Glück, so viel wie das Jahr Wochen hat, schrieb Memmi für die französische Tageszeitung *Le Monde*.

mit Texten von

Ginka Steinwachs
Zsuzsanna Gahse
Barbara Honigmann
Sara Gerstel
Zehra Çırak
Renée Zucker

Nach Europa

Texte zu einem Mythos

„Der Mythos von Europa wird noch einmal befragt ... die Logik der Sprache und die Lust am Experiment, das Verrücken vom Festgefügten und das Räsonieren über die erdabgewandte Seite der Geschichte legen ungeahnte Facetten frei. Eine Entdeckung."

Salzburger Nachrichten

HERAUSGEGEBEN
VON
SABINE GROENEWOLD

Europäische Verlagsanstalt

eva

Europäische Verlagsanstalt
Parkallee 2
20144 Hamburg
Telefon (040) 45 01 94-0
Fax (040) 45 01 94-50

Literatur bei eva

Zsuzsanna Gahse
Essig und Öl
mit Schriftbildern von Zsuzsanna Gahse
ISBN 3-434-50011-1

Herta Müller
Eine warme Kartoffel ist ein warmes Bett
mit Bildern von Friedemann von Stockhausen
ISBN 3-434-50014-6

Regula Venske
Pursuit of Happiness oder Die Verfolgung des Glücks
ISBN 3-434-50022-7

Franz Blei
Der Montblanc sei höher als der Stille Ozean
Essays
ISBN 3-434-50038-3

Paul Parin
Eine Sonnenuhr für beide Hemisphären
und andere Erzählungen
ISBN 3-434-50072-3

Paul Parin
Karakul
Erzählungen
ISBN 3-434-50031-6

Gisela von Wysocki
Auf Schwarzmärkten
Prosagedichte. Fotografien
ISBN 3-434-50042-1

Gisela von Wysocki
Fremde Bühnen
Mitteilungen über das menschliche Gesicht
ISBN 3-434-50054-5

György Dalos
Der Gast aus der Zukunft Anna Achmatowa und Sir Isaiah Berlin.
Eine Liebesgeschichte
ISBN 3-434-50083-9

Europäische Verlagsanstalt

eva

Europäische Verlagsanstalt
Parkallee 2
20144 Hamburg
Telefon 040/45 01 94 - 0
Telefax 040/45 01 94 - 50

Die Deutsche Bibliothek – CIP-Einheitsaufnahme

Memmi, Albert:
Anleitungen zum Glücklichsein / Albert Memmi. Aus dem Franz. übers. von Regina Keil … – Hamburg : Europäische Verlagsanstalt, 1996
Einheitssacht.: Bonheurs <dt.>
ISBN 3-434-50081-2

Titel der Originalausgabe
»Bonheurs«, erschienen 1992 bei Arléa, Paris

2. Auflage 1997

Umschlaggestaltung: Florian Zietz, Hamburg, unter Verwendung eines Bildes von Claude Monet, Frauen im Garten (Ausschnitt)
Signet: Dorothee Wallner nach Caspar Neher »Europa« (1945)
Herstellung: LiteraProduct Michael Kellner, Hamburg
Druck und Bindung: Clausen & Bosse, Leck
Printed in Germany 1997